hänssler

Hans-Joachim Eckstein

Lass uns Liebe lernen

Briefe, Gebete und Meditationen

CIP-Titelaufnahme der Deutschen Bibliothek

Eckstein, Hans-Joachim:
Lass uns Liebe lernen : Briefe, Gebete und Meditationen / Hans-Joachim Eckstein. – 6. Aufl. – Neuhausen-Stuttgart : Hänssler, 1990
(Edition C : T, Taschenbuch ; Nr. 4)
ISBN 3-7751-0330-9
NE: Edition C / T

6. Auflage 1990
Edition C-Taschenbuch Nr. 4
Bestell-Nr. 55.004

Umschlaggestaltung: Heide Schnorr v. Carolsfeld
Printed in West-Germany 26145/1990

Inhalt

Geschenk und Geber

Die Ehe ist tatsächlich eine Beziehung zu dritt, wobei es mir widerstrebt, Gott als den ›Dritten‹ zu bezeichnen. Der Liebe ist die Frage der Rang- oder Reihenfolge vom Wesen her fremd, wenn es um die verschiedenen Beziehungen zu Gott, Ehepartner, Kindern und zur Umwelt geht. So wird die Frage ja auch immer da akut, wo unsere Beziehung zueinander und zu Gott nicht mehr stimmt, was sich meist gegenseitig bedingt. Obwohl die Beziehung zu Gott so anders ist, daß es gar keinen Grund gäbe, da etwas zu verwechseln und Erwartungen und Bereitschaften gegenüber Gott und dem Partner durcheinander zu bringen, müssen wir immer wieder neu Prioritäten setzen und Verhältnisse klären. An dieser Stelle aber sollte man von Gott nicht als von dem ›Dritten‹ reden – ER ist der ›Erste‹, denn im Alltag läßt sich Glaube in der Partnerschaft nur dann konsequent ausleben, wenn gerade *der* Punkt von beiden Teilen vollauf bejaht wird.

Wenn die Welt als Schöpfung Gottes verstanden wird, dann hat sie als solche für den Menschen eine bestimmte Funktion: Sie will auf Gott als Schöpfer hinweisen. Die Ehe wird schon im Schöpfungsbericht zentral behandelt (1. Mose 2, 18–25) und kann auch als intimste Gemeinschaft zweier Personen wohl am direktesten an die Beziehung erinnern, die Gott zum Menschen haben will. Wir können sagen, sie hat den stärksten ›Verweischarakter‹, weshalb die Bibel die Beziehung, die Gott zu seinem Volk und zur Gemeinde hat, gerne mit der Ehe vergleicht.

Am besten kann man das Verhältnis zwischen den Partnern und Gott mit dem Verhältnis von Geschenk und Geber vergleichen. Ich mache ein Geschenk, um für den andern meine Liebe greifbar auszudrücken. Das Geschenk hat Verweischarakter, denn es spricht von mir und meiner Liebe.

Einem Geschenk gegenüber sind zwei Verhaltensweisen absurd: das erste Fehlverhalten ist das Verabsolutieren des Geschenkes, das Verleugnen oder Vergessen seiner Bestimmung. Besuche ich z. B. meine Frau im Krankenhaus, liegt es nahe, daß ich ihr etwas mitbringe. Ich wähle rote Rosen und bringe sie ihr als Geschenk: »Du, ich mag Dich ganz arg, und das wollte ich Dir durch die Blumen ausdrücken!« Sie wird sie nehmen und sie ansehen, daran riechen und sie genießen. Nach einer Weile wird sie aufsehen und mir danken, nicht nur für die Blumen, sondern vielmehr für die Liebe, an die sie erinnert wird. Absurd wäre es, wenn sie sich während des ganzen Besuches nur um die Rosen kümmern würde und mich darüber völlig vergäße. Selbstverständlich freue ich mich mit ihr daran, aber wenn die Blumen nur von mir ablenken, haben sie ihre Funktion als Geschenk nicht erfüllt, ihr Verweischarakter wird nicht beachtet.

Übertragen heißt das: Wir haben die Möglichkeit, menschliche Liebe als Geschenk Gottes zu betrachten, das wir intensiv genießen sollen und das die Botschaft in sich trägt, Ausdruck Seiner Liebe zu sein, mit der ER nach der Gemeinschaft mit uns verlangt. Verabsolutiere ich das Geschenk, dann erliege ich einem Mißverständnis, das zur Enttäuschung aufgrund der Überforderung des Geschenkes führt. Sowenig die Rosen in der Lage sind, meiner Frau den Mann zu ersetzen, sowenig ist die menschliche Liebe in der Lage, Gott zu erübrigen. Im Geschenk genieße ich den Geber, aber der Geber geht nicht im Geschenk auf, ist nie mit ihm identisch. Das Geschenk ist nicht der Geber, aber es verweist auf ihn. Lasse ich es nicht transparent sein, sondern bleibe in meiner Bedürftigkeit bei ihm stehen, dann ist das Geschenk überfordert und muß enttäuschen; nehme ich aber das Geschenk dankbar an und bin mir seiner Botschaft bewußt, dann mache ich den entscheidenden Schritt zum Geber selbst hin und genieße ohne Spannung beides gleichzeitig und ineinander als Geschenk und Geber.

Das zweite Fehlverhalten ist die Verachtung des Geschenkes – vermeintlich zugunsten des Gebers. Im Bild gesprochen hieße das: meine Frau sieht die Rosen, nimmt sie mir aus der Hand und wirft sie in den Mülleimer, legt ihre Arme um meinen Hals und sagt: »Schatz, ich liebe nur Dich! Beweisen will ich Dir das damit, daß ich jedes Deiner Geschenke umgehend verwerfe und alles außer Dir selbst verachte.«

Ich weiß nicht, welches der beiden Fehlverhalten mich mehr entsetzen würde; ich nehme nicht an, daß ich einmal in diese Situation kommen werde. Gott gegenüber haben wir uns – vor allem in bezug auf die Liebe in der Ehe – seit Beginn der Christenheit auf die zweite Weise verhalten. Wir meinen, Frömmigkeit äußere sich in radikaler ›Weltverneinung‹ und vergessen, daß der Vater Jesu Christi auch der Schöpfer – nicht zuletzt der Ehe – ist, die ja nicht erst nach dem Sündenfall eingesetzt wurde, wie einige gerne wollten! Die Verachtung alles Leiblichen hat seine Wurzel nicht etwa im Alten Testament und im Judentum, sondern allein im Hellenismus – im ›Heidentum‹ also. Es ist freilich verständlich, daß die Schwierigkeiten, das Versagen und die Spannungen, die gerade im Verhältnis zum anderen Geschlecht entstehen, zur Verachtung der Ehe und des Leiblichen überhaupt führen können. Wenn aber die Erlösung Jesu Christi in dieser Welt schon sichtbar werden soll, dann doch wohl zuerst in der intimsten Gemeinschaft zweier Glaubender; wenn sich die ›neue Kreatur‹ überhaupt in der alten, gefallenen Schöpfung durchsetzen kann, dann doch wohl am ehesten in der kleinsten Zelle der Gemeinde, in der sich zwei Menschen genießen und auf Gott verweisen, sich beschenken und einander vergeben. Gerade dabei erreichen sie den größtmöglichen Wirkungsgrad für die Umwelt, indem sie die Liebe Gottes auf diese Weise in die Schöpfung hinein signalisieren.

Ein Glaube, der Gott das Beschenken verbietet und sich weigert, IHM auch in Seinen Geschenken zu begegnen – was selbstverständlich nicht auf die Ehe beschränkt ist, sondern vielmehr in einer generellen Haltung zum Ausdruck kommt – wird über kürzer oder länger zu einer leeren Gottesidee verarmen, dessen Liebesbekenntnisse zu abstrakten Formeln verblassen.

In der Liebe komme ich durch die Geschenke des Liebenden ihm näher, indem ich sie mit ihm genieße, sie weder verabsolutiere noch verachte, sondern ihn darin suche und nur so der Absicht des Gebers entspreche!

All you need is love – ist Liebe alles?

Die Skala unserer Bedürfnisse, die alle befriedigt werden wollen, ist sehr breit. Selbst wenn wir sie alle als befriedigt denken, bleibt ein unfaßbarer Rest, eine Ursehnsucht oder ein Vakuum, für das der Glaube innerweltlich keine letzte Erfüllung sucht. Er weiß, daß er letztes Glück erst in der uneingeschränkten Gemeinschaft mit Gott selbst – jenseits des Sterbens – erreichen wird. Dieses Urbedürfnis, die absolute Sehnsucht, identifiziert man allerdings gewöhnlich mit dem greifbaren Bedürfnis, das gerade am meisten ausgeprägt ist. Die totale Befriedigung und Erfüllung wird von dem erwartet, was im Moment am meisten benötigt wird:

Der Dürstende in der Wüste singt ›Liebeslieder‹ auf das Wasser und der Hungernde auf's Essen, der Gefangene auf die Freiheit und ein Verschleppter auf die Heimat, ein Blinder auf das Sehen – und ein Einsamer auf die Liebe: all you need is love, alles, was Du brauchst, ist Liebe!

Der Vorteil dieser Konzentration auf das eine Bedürfnis leuchtet völlig ein; sie gibt die Energie, gegen die größten Widerstände anzugehen, um das Ziel zu erreichen, an dem man identisch sein kann. Ins Negative schlägt es erst um, wenn diese berechtigte ›Einseitigkeit‹ nicht im Augenblick der Erfüllung bewußt wird. Weil der Heimkehrer ›Alles‹ von der Heimkehr erwartet, der Gefangene ›Alles‹ von der Freiheit, das Ehepaar ›Alles‹ von der Liebe, wird das Glück der Erfüllung von der Belastung der zu hohen Erwartung erdrückt. Ich werde enttäuscht. Was bleibt, ist die ›Melancholie der Erfüllung‹ (E. Bloch). Das Ziel ist erreicht, der Wunsch ist erfüllt – es bleibt ein Rest, das Wissen um mehr, aber daran glauben kann ich nicht mehr.

Spätestens hier muß ich mir im Glauben bewußt werden, daß Gott die letzte Realität ist, auf die hin ich angelegt bin, damit ich nicht nur im *Verlangen* nach Gott schreie, sondern auch in der *Erfüllung*. In der Not schreie ich zu Gott im Bewußtsein meiner Bedürftigkeit. In der ›Erfüllungsmelancholie‹ kann ich zunächst gar nicht mehr an höhere Werte glauben, sondern bin unmotiviert, resigniere und habe die Tendenz zur Oberflächlichkeit – d.h. auch zum Vergessen Gottes.

Ich muß es also lernen, in der Bedürftigkeit nicht nur *zu Gott* zu schreien, sondern *nach Gott selbst*, um Ihn darin zu erleben und die Erfüllung des Wunsches nach Befriedigung nicht durch falsche Erwartungen zu gefährden. Berechtigt ist die Absolutheit der Sehnsucht, aber nur als Sehnsucht nach Gott. Ist die erlebte Erfüllung befreit von der Last der absoluten Erwartung, erfahre ich gerade in ihr ein Stück *der* Befriedigung, eine Ahnung des Größten, eine ›Erinnerung an das Kommende‹. Die Größe der Befriedigung liegt in ihrer doppelten Möglichkeit: sie stillt das Bedürfnis und befähigt zum Ausharren bis zur letzten Befriedigung in Gott und an Gott selbst. Befriedigung erlebe ich dann am tiefsten, wenn sie gleichzeitig Bedürftigkeit stillt und Vorfreude steigert, denn sie beruhigt und motiviert in einem!

Der folgende Teil enthält
Gebete und *Briefe*.

Schon verlobt

Es fällt mir schwer, mit Dir zu leben, ohne Dich zu kennen, Dir treu zu sein, ohne zu wissen, ob es Dich gibt. Es macht mich aber glücklich, es zu lernen, und ich weiß, daß es Dich glücklich machen wird!

Wenn ich ein Mädchen treffe, schätze ich sie nach meinen Maßstäben ein, prüfe, ob sie die Qualitäten hat, meine Frau zu werden. Nun ist es ja gut, wenn ich Dich suche und Schritte dazu unternehme, Dich kennenzulernen. Aber darum geht es hier auch gar nicht. Es ist oft nur ein ›erotisches Taxieren‹, bei dem mir die Person des Mädchens recht gleichgültig ist. Beginne ich einmal damit, verselbständigt sich das Verhalten und läßt sich nicht mehr kontrollieren. Meine Augen wandern die ganze Zeit – meist unbewußt, als würde ich jemanden suchen. Letztlich weiß ich, daß ich *Dich* suche – aber *so* will ich Dich nicht finden.

Doch selbst wenn es mir um die ganze Person geht, fühle ich mich nicht recht wohl. Ich will nicht jedes Mädchen nur mit meinen Augen sehen; ich will nicht, daß ihr Wert und mein Interesse für sie nur davon bestimmt sind, ob sie eventuell meine Frau werden könnte. Ich will frei sein, ihr – und wirklich ihr selbst – unabhängig von mir, so wie Gott sie in seiner Liebe sieht, zu begegnen.

Dieses Verhalten des »Taxierens« beobachte ich auch bei verheirateten Männern und stelle mir vor, wie Du es wohl bei mir empfinden wirst. Ich hoffe, es wird Dir etwas ausmachen, denn ich freue mich auf Deine Eifersucht aus Liebe – sie wird mir Wertgefühl vermitteln. Aber wird es Dir egal sein, was ich machte, bevor ich Dich kannte?

Werde ich das automatisierte Verhalten des ›Taxierens‹ mit der Ehe von selbst verlieren? Wohl kaum! Also kann ich darin meine Verlobung mit Dir schon üben. Ich merke, daß ich sehr ausgeglichen bin, wenn ich die Zeit bis zu unserem Kennenlernen nicht negativ als ›Noch-Nicht-Verheiratet-Sein‹, sondern positiv als ›Schon-Verlobt-Sein‹ lebe. Die Zeit auszunutzen, um mich auf Dich konstruktiv einzustellen, läßt mich dynamischer leben als das lähmende ›Noch-Nicht‹.

Entscheiden

Gebet:

Herr, heute ist meine Bitte um Deine Führung bei der Wahl meines Ehepartners konkret und dringend. Meine Gefühle zu »ihr« kann ich nicht so einfach wie sonst beiseite schieben und mit vernünftigen Argumenten abbauen. Der Unterschied zu sonst liegt vor allem darin, daß ich mich nicht erst verliebt hatte und anschließend versuchte, Kontakt aufzunehmen. Sie war mir von Anfang an im tiefsten Sinne sympathisch, und im Gespräch hatten wir uns zunehmend viel zu sagen. Das Enträtseln ihrer Person führt nicht zu Enttäuschung und Distanz, sondern macht sie mir geheimnisvoller, interessanter und wertvoller. Ich kann bei ihr gar nicht trennen zwischen Eigenschaften, die sie für mich reizvoll machen, und Eigenarten, die man eben in Kauf nimmt. Ich sehe in ihr gar keine ›Höchstwerte‹ und Superlative, auf die ich meine Zuneigung gründen könnte. Selbst die Idealvorstellung von dem Aussehen ›meiner Frau‹ verkörpert sie nicht, was sonst notwendig war, um ein Mädchen ein bißchen zu ›vergöttern‹. Vielmehr erscheint sie mir als der ›erste Mensch‹, dem ich als solchem so bewußt begegne. Obwohl sie sich nicht völlig von andern unterscheidet, sehe ich in ihr ›die Frau‹.

Herr, ich bitte Dich, daß Du mich ihr gegenüber keine Dummheiten machen läßt, sondern mich nach Deinem Plan führst. Für mich besteht die Schwierigkeit darin, *Deinen* Willen zu erkennen.

Ich hörte von Männern, die auf eine ›schicksalhafte Führung‹ vertrauten und untätig warteten, daß ihnen die Dame ihrer Wahl in den Schoß falle. Sie erwachten von ihrem Traum dadurch, daß ein anderer kam, der mehr Mut hatte und sie ihnen vor der Nase wegschnappte. Sie selbst nahmen dann irgendeine andere, wobei ihnen die Führung wohl genauso verleidet war wie die große Liebe. Ich bin glücklich, daß Deine Liebe meine Persönlichkeit entfalten will und mich nicht zur willenlosen Marionette degradiert. Danke, daß Dein Heiliger Geist nicht meine menschlichen Fähigkeiten und Gaben auslöscht, sondern sie fördert und entfaltet. Danke für meinen eigenen Willen, den ich in meiner Liebe zu Dir Deinem Willen im Gehorsam unterordnen kann.

Den anderen Fehler habe ich allerdings genauso oft angetroffen: Männer, die ihren eigenen, egoistischen Interessen nachgingen und alles mit dem Etikett ›Führung‹ versahen. Extrem wurde es, wenn sie auch noch versuchten, das entsprechende Mädchen mit dem ihnen vermeintlich offenbaren Willen Gottes unter Druck zu setzen. Herr, korrigiere mich, zerbrich meinen Egoismus und laß nicht zu, daß ich Deine Führung mißbrauche. Ich will für Dich leben, denn ich kann Deine Führung bei der Partnerwahl nicht erwarten, wenn ich nicht jeden Tag von Dir abhängig und für Deinen Plan mit dieser Welt verfügbar bin. Ich gehöre Dir und als Dein Eigentum bitte ich Dich, daß Du mich bewahrst.

Positive Beispiele Deiner Führung habe ich schon genug erlebt, um von ihnen profitieren zu können. Bei meiner Berufswahl gebrauchte ich meinen Verstand und habe im Gebet alles abgewogen, sprach mit anderen, informierte mich und versuchte mir über meine Gefühle und Neigungen klar zu werden. Als ich mich entschied, hattest Du mir vorher keine eindeutige Antwort gegeben, aber ich lief im Vertrauen auf Deine Hilfe bedacht drauf los. Heute kann ich die Entscheidung als optimal beurteilen, aber damals hatte ich nur die Gewißheit, *daß* Du führst, und entschied mich. Es mag Fälle geben, in denen jemand vorher genau weiß, daß die Entscheidung richtig ist, für mich aber ist die ›Un-sicherheit‹ oft besser, denn bin ich meiner Sache zu sicher, vergesse ich Dich schnell und renne allein weiter – ich ›weiß‹ ja, wo es hingeht.

Das ganze Vertrauen zu Dir, das eigene Bemühen um die Lösung und die Offenheit für den Ausgang der Entscheidung scheinen also Voraussetzungen für Deine Führung zu sein.

Über die vernünftige Möglichkeit unserer Ehe denke ich sehr viel nach. Die Hauptarbeit besteht darin, die vernünftigen Gründe von den Vorurteilen und traditionellen Mustern zu trennen. Ich erschrecke, wie unreflektiert ich lebe, geprägt von herkömmlichen Vorstellungen und Werten meiner Erziehung, wie wenig ich sie in meinem Glauben zu Dir aufgearbeitet und sortiert habe. Herr, mache mich frei, damit ich nur nach Deinen Kriterien urteilen kann!

Was mir ihr gegenüber das größte Vertrauen gibt, ist unsere Harmonie in der Beziehung zu Dir. Das hängt freilich auch mit ihren seelischen Eigenschaften und geistigen Vorstellungen, ihrem ›Frau-Sein‹ überhaupt zusammen. Sie ist aber das Mädchen, vor dem ich ganz so sein kann, wie ich sonst nur vor Dir bin, bei der ich zu Dir sprechen kann, als wäre niemand dabei – und gerade das macht unsere Gemeinschaft so reich. Bei ihr spüre ich keine Vorbehalte, wenn ich von meinem Glauben und meinem Einsatz für Dich spreche, sondern Begeisterung und Anerkennung. Sie zeigt mir die Inkonsequenzen meines Denkens und Handelns auf und hilft mir, Dich zu finden. Unsere Berufsvorstellungen entsprechen sich, und unsere Fähigkeiten könnten sich ergänzen. Vor allem liegen unsere ›Eigenarten‹ so, daß wir uns gegenseitig auffangen können.

Während ich das schreibe, kommt es mir so vor, als hätte ich die Entscheidung schon endgültig getroffen. Es können aber sehr viele Gründe dagegen sprechen, die ich jetzt verdränge. Bitte mache uns wahrhaftig in unserem Urteil.

Das größte Problem liegt beim Kennenlernen selbst und der Bindung, die dadurch entsteht. Ich weiß, daß man gerne in eine Bindung ›hineinrutscht‹ und anschließend nur unter Schmerzen – zumindest für einen Teil – wieder auseinanderkommt. Für meine Frau will ich mich aber bewußt entscheiden, will mich nicht an sie gewöhnen, sondern sie lieben lernen.

Unser Entschluß, Zärtlichkeiten und sexuellen Kontakt zu lassen, bis wir endgültig und verbindlich wissen, was wir wollen, ist ein Schritt, wirklich offen zu bleiben für unsere bewußte Entscheidung, der für uns so notwendig ist wie das Im-Gespräch-Bleiben mit anderen. Herr, hilf uns, daß wir offen bleiben bis zum beidseitigen ›Ja‹ zu unserer Bindung und daß wir mit dem ›Nein‹ des anderen wirklich rechnen, um ihn nicht gegen seinen Willen zu binden.

Wenn ich daran denke, mich für die Bindung an sie zu entscheiden, melden sich immer noch Bedenken. Es scheint allerdings mein Egoismus zu sein, der für die Unverbindlichkeit plädiert und dem Junggesellenleben nachtrauert. Was war ich denn als ›freier Mann‹, wenn nicht irgendein Mädchen wenigstens am Horizont mein Leben bestimmte? Das Zurückschrecken vor der Verantwortung, die mit dem kleinen Wort ›Ja‹ plötzlich auf mir liegt, fördert auch meine Tendenz, die Entscheidung vor mir herzuschieben. Herr, wir werden uns früher oder später entscheiden und wollen es im Vertrauen auf Dich tun. Führe Du uns, daß jeder von uns selbständig seine eigene Entscheidung trifft.

Mir ist wichtig, daß sie glücklich sein wird. Wenn ein anderer Mann sie besser ergänzen kann, ihr mehr Liebe schenken kann und ihr mehr entspricht, will ich bereit sein, sie loszulassen. Ich kann mir subjektiv nicht vorstellen, eine andere Frau zu heiraten, aber das bringt hier nicht weiter. Wenn ich von ihrem Glück ausgehe, fällt mir die Offenheit für den Ausgang leichter. Sie soll glücklich sein und Dir näher kommen. Wenn das geschieht, hat meine Liebe ihr höchstes Ziel erreicht!

Treue

Markus 1, 11–13: Du bist mein geliebter Sohn, an Dir habe ich Wohlgefallen. Und sofort trieb ihn der Geist hinaus in die Wüste . . . und er wurde versucht.

Gebet:

Kaum warst Du, Herr Jesus Christus, bei der Taufe vom Vater bestätigt worden, da mußtest Du den Weg Deines Leidens aus Liebe schon antreten – hinaus aus der Bestätigung, dem Gefühl und dem Sehen – hinein in das Vertrauen, das Erkennen ohne Erweise des andern, in die Treue, die nur auf Liebe noch gründet, in das liebende Festhalten an dem, durch den Du leiden mußt, dessen Liebe Dir Schmerz bringt, in die Treue, in der Du völlig verlassen bist – sogar von dem, dem sie gilt, in die größte Einsamkeit, die es gibt, in die Einsamkeit der Liebe. Mein Gott, mein Gott, warum hast Du mich verlassen?

Herr, ich weiß nicht, ob meine Liebe zu Dir und zu ihr mich jemals dahin bringen wird, aber oft ahne ich in Kleinigkeiten des Alltags etwas von der ›Einsamkeit aus Liebe‹, der ›Treue des Verlassenen‹. Lehre mich da, konsequent zu sein in meiner Liebe!

Was Dich von andern unterscheidet

Du bist der erste Mensch, der mich so sehr *liebt* und der so sehr *mich* liebt. Es gibt viele Menschen, die mich lieben, aber ich habe Angst bei ihrer Liebe, Angst davor, daß sie einmal wirklich *mich* entdecken und erschrecken. Ihre Zuneigung wird vielleicht in Abneigung umschlagen, wenn sie nicht nur meine Schwachheit erkennen, sondern auch meine Grenzen, mein Versagen und meine negativen Eigenarten.

Es gab vor Dir andere Mädchen, die mich liebten, aber oft spürte ich, daß sie letztlich nicht *mich* meinten. Bei manchen war ich nur Antwort auf ihre Fragen, Platzhalter für ihre Bedürfnisse – es hätte aber auch jeder andere sein können. Manche meinten schon meine Person, aber nicht mich. Sie versuchten dauernd, an mir herumzuformen. Meine Lebensziele, mein Verständnis von Glauben, meine positiven Eigenschaften und Gaben wollten sie immer ihren Verhältnissen anpassen und Dinge an mir fördern, die mir als unwesentlich erschienen – ich fühlte mich bei allem Bemühen und Reden unverstanden.

Ich erlebe, daß Du in Deiner Liebe den ›Willen zu mir‹ hast, daß Du beim Enträtseln meiner Person nicht ernüchtert wirst, sondern Dich über jede Entdeckung freust. Weil Du mich so stehen läßt, wie ich bin, und willst, daß ich ›ICH‹ bin, habe ich den Mut, mich Dir anzuvertrauen, mich Deiner Kritik auszusetzen, meine Ziele und Vorstellungen, mein Verhalten und meine Eigenarten von Dir hinterfragen zu lassen. Du kamst nicht, um zu verändern, aber gerade deshalb gibt es niemanden, der mich so leicht verändern kann. Und jedes Mal habe ich den Eindruck, mir selbst einen Schritt nähergekommen zu sein.

Manchmal spüre ich auch, wie Du doch ein bißchen manipulieren willst, um Deine eigenen Interessen durchzusetzen. Ich lerne es zu unterscheiden und mich danach zu verhalten, damit Dein Versagen keinen so großen Schaden anrichten muß.

Die Kritik anderer hilft mir, uns beide zu hinterfragen; ihre Zuwendung und Liebe bewirkt ähnliches auf einer anderen Ebene. Bei allem bleibt es aber dabei: Du bist der einzige Mensch, der mich so sehr *liebt* und der so sehr *mich* liebt!

Forderungen

Entschuldige, wo ich unser Verhältnis mit falschen Forderungen belaste, die Du nicht erfüllen kannst oder willst. Oft beginnt es mit der durchaus positiven und dankbaren Erinnerung an etwas, was Du mir getan oder geschenkt hast. Auch der nächste Gedankenschritt ist in der Liebe noch zulässig: »Ich freue mich auf diesen Tag, denn es ist nicht ausgeschlossen, daß ich sie erlebe, daß sie kommt, anruft oder schreibt, daß sie ihre Liebe irgendwie ausdrücken wird. Dieser Gedanke kann mich beim Aufstehen durchaus positiv motivieren. Entscheidend wirkt es sich allerdings dann aus, wie ich beim ›Zähneputzen‹ weiterdenke: »Danke, Herr, für ihre Liebe, die mich wie nichts anderes an Dich erinnert. Danke, daß ich auf Dich und auf sie warten kann und die Vorfreude auf Euch mich befähigt. Danke, daß nicht nur die Geschenke an sich mich beglücken, sondern in ihnen auch Du selbst. Ich will, Herr, für Dich leben und sie glücklich machen. Zeig mir heute Wege, die Dich verherrlichen, und Möglichkeiten, sie zu erfreuen!« Dann ist der Tag eigentlich schon gelaufen, der Brief kommt oder kommt nicht – jedenfalls ist er nicht ›lebensnotwendig‹. Wahrscheinlich schreibe ich selbst einen Brief, um die Erwartung zu nutzen, eine Bereitschaft daraus zu entwickeln.

Aber wehe mir, wenn es beim ›Zähneputzen‹ erst einmal anders herum geht: »Es könnte wirklich heute ein Brief kommen, meiner ist ja vor vier Tagen abgegangen und zudem bin ich heute sowieso ›bedürftig‹. Vielleicht schickt sie sogar ein Päckchen und hat mir etwas gebastelt, wie vor einigen Wochen – es wäre wirklich wieder mal an der Zeit, wo ich doch erst neulich . . .« Der Tag ist meist schon dahin, bevor er richtig anfängt. Kommt der Brief, bin ich wahrscheinlich enttäuscht, weil er von meiner Erwartung völlig überfrachtet ist. Meist kommt er aber nicht, was auch ganz gut ist. Weil der Liebeserweis mit der Liebe identifiziert worden ist, bin ich geschlagen und schmolle wie als kleiner Junge über den Liebesentzug. Es hat mich schon oft erstaunt, wie Briefe und sonstige ›Geschenke‹ tage- und wochenlang nicht kamen, bis ich ›die Kurve bekommen hatte‹, mein Verhältnis zu Gott und entsprechend auch zu anderen wieder in Ordnung war und meine absolute Erwartungshaltung korrigiert wurde zur Erwartung auf *den Geber* selbst.

Auch wenn Du es nicht immer zu spüren bekommst, habe ich Dir das Schenken schon oft durch meine unverschämten Erwartungen unmöglich gemacht, denn was ich von Dir fordere – auch wenn es nur gedanklich ist –, kannst Du mir schon nicht mehr schenken, Du kannst mir darin nur noch ›gehorchen‹. Ich will es üben, die Erwartungen nicht etwa zu verdrängen, sondern sie in Bereitschaft umzusetzen, um Dich sogar ›durch meine Forderungen‹ glücklicher zu machen.

Liebe gibt weit mehr, als gefordert wird, aber fordert nie mehr, als der andere bereit ist zu geben!

Nach- oder entgegenschauen

Liebe bewirkt unweigerlich Hoffnung! Wenn wir uns für eine Zeit trennen müssen, wird mir daran unser Verhältnis zueinander und zu Gott deutlich, ob wir zuversichtlich sind oder resignieren wollen. In der Liebe freue ich mich schon beim Abschied auf Deine Ankunft oder auf meine Rückkehr, schaue nach vorne und nur dann zurück, wenn ich dankbar sein will und das im Gebet ausdrücke. Dann lebe ich sehr intensiv und möchte möglichst viele meiner Aufgaben erledigen, Bibelstudium betreiben und sinnvolle Gespräche führen. Wenn ich schon nicht bei Dir bin, will ich wenigstens entsprechend arbeiten, damit die Trennung ihren Preis wert ist. Mir widerstrebt es, Zeit zu verschwenden, weil ich sie so teuer bezahle.

»Herr, gib, daß wir uns noch viel öfter beim Abschied nicht nachblicken, sondern entgegenschauen.«

Die Blume

Wenn ich eine Blume finde, die mir besonders gefällt, pflücke ich sie gerne und nehme sie mit, stelle sie zu Hause in eine Vase oder stecke sie am Ende des Spaziergangs irgendwo hin. Warum? Weil sie schön ist, mich erfreut und ich sie gerne einige Zeit bei mir habe – ich mag sie.

Aber mag ich sie wirklich oder nicht vielmehr nur ihren Reiz? Wozu pflücke ich sie denn, wenn ich sie mag? Sie würde doch an ihrem Ort viel länger blühen als gepflückt in meiner Hand. Nein, ich muß zugeben, indem ich sie pflücke, liebe ich die Blume gar nicht, sondern mich und mein Glück. Darum lasse ich sie also konsequenterweise stehen und gehe weiter, nachdem ich sie angeschaut, an ihr gerochen und sie genossen habe, ohne ihr zu schaden.

Du bist die erste Blume, bei der ich das nicht kann. Weder mag ich Dich für mich pflücken, weil es Dir wehtun und schaden, Dir Deine Größe und Schönheit nehmen würde, noch mag ich einfach weitergehen und Dich vergessen, weil Du mir viel mehr bedeutest als andere Blumen. Ich würde bei meinem Weitergehen sehr viel verlieren und könnte mich an anderen Blumen gar nicht recht freuen, weil sie mich schmerzlich an Dich erinnern würden.

Warum will ich denn weiter, wo ich Dich gefunden habe, Dich, die ich scheinbar in den anderen Blumen ahnte? Nein, ich bleibe bei Dir, will mich neben Dich setzen und Dich beschützen – vor dem Wetter, das Dir zusetzen könnte, und vor anderen Menschen, die Dich gedankenlos pflücken oder zertreten könnten, weil sie gar nicht sehen, wie groß und schön Du bist. Dabei bleibt mir viel Zeit,

Dich anzuschauen, Dich zu streicheln und zu genießen – und Du wirst durch meine Liebe länger und schöner blühen, als Du es ohne mich gekonnt hättest; das freut mich am meisten. Du sollst zur Freude Gottes blühen und andere Menschen durch Deinen Duft an *Ihn* als Schöpfer erinnern, Wegweiser sein zu Seiner Liebe. *So* wollen wir zusammenbleiben – zu schön bist Du, um nur für mich zu blühen.

Kritik

Weil echte Liebe wirklich den anderen meint und nicht die eigenen Gefühle, scheut sie nicht davor zurück, den anderen auch zu kritisieren, wo es notwendig ist. Leider laufe ich Gefahr, Dich gerade da zu kritisieren, wo es nicht ›not-wendig‹ ist, weil es keine Not wendet, sondern Dir nur neue bereitet. Das kann daran liegen, daß mir etwas an Dir nicht gefällt, was aber durchaus zu Dir gehört, nicht als Eigenart oder Versagen, sondern als neutrale oder sogar positive Eigenschaft, die ich in meinem Egoismus aber gerne beseitigen würde. Das kann zusammenfallen mit dem Umstand, daß ich übermüdet, gereizt und unausgeglichen bin und die Kritik mir als ›Überdruckventil‹ für meine Agressionen dient – glücklich bin ich allerdings anschließend nie. Laß Dich bitte in solchen Situationen nicht auf Diskussionen ein, sondern versuche mich auf meine eigenen Probleme zu lenken und meine momentane Bedürftigkeit zu fassen. Wenn Du mich in meiner Schwachheit ansprichst, merke ich gewöhnlich bald, daß das Problem nicht bei Dir, sondern in mir liegt, daß es an der Zeit ist, meine Wut *bei Dir* auszuklagen, anstatt sie *an Dir* auszulassen. Hast Du den Eindruck, daß mir meine Kritik an Dir leicht fällt, sei vorsichtig, denn dann wird sie kaum wahrhaftig sein.

Am meisten scheinen wir einander zu helfen, wenn wir uns erzählen, was uns am Verhalten des andern gefreut hat. Wenn Du Deinem Glück Ausdruck verleihst, merke ich, daß mein Mühen nicht umsonst ist, und bin neu motiviert, Dich durch mein Verhalten zu ›beschenken‹. Was Dir nicht so gefällt, ergibt sich zudem von selbst als das Ge-

genteil dessen, was Dich glücklich macht. Mir fiel schon auf, daß Du auf diese Weise meine Anschauung über bestimmte Dinge herausbekommen hast, ohne daß ich sie Dir gesagt hatte.

Es gibt aber auch Situationen, in denen mich Deine direkte Kritik nicht ›kränkt‹, auch wenn es sehr ›wehtun‹ kann. Wenn ich Dich von mir aus frage, wo ich Dich verletzt, bloßgestellt, gezwungen oder übergangen habe, und Du Ereignisse andeutest, die Du vorher nicht angesprochen hattest, dann hat Deine Kritik die beste Wirkung. Dein Warten-Können drückt in diesem Fall Deine Geduld mit mir aus, was mich offen sein läßt für Deine Kritik, so daß ich nicht gleich wieder alles vor mir relativiere und entschuldige.

Das soll Dich aber keinesfalls an Deiner direkten Kritik an mir hindern. Ich will behaftet werden bei meinen eigenen Wertmaßstäben. Jeder Schritt, jedes Wort und jeder Gedanke sollten eigentlich ein Ausdruck unseres Glaubens und mit ihm vereinbar sein. Du erzählst mir oft, was Du bei Dir als Inkonsequenz siehst, was Du Dir als Ziel steckst für die folgende Zeit, weil Dir, wie Du sagst, mein Mitwissen eine Hilfe ist, selbst wenn ich nicht da bin. Das erfahre ich auch, aber es gibt Situationen, in denen ich wohl weiß, daß das, was ich vorhabe, überflüssig oder falsch ist, in denen ich jedoch nicht die Willensstärke habe, es auch zu lassen. Da gibt ein fragender Blick oder das entsprechende Wort deinerseits erfahrungsgemäß den Anlaß, mir selber treu zu bleiben. Der Gedanke daran, daß ich es im Gespräch mit Dir später wieder selbst verurteilen werde, ›verleidet‹ mir das Versagen. Wenn ich weiß, daß wir abends zusammen den Tag besprechen, fallen mir viele Entscheidungen während des Tages leichter.

An dem Punkt kann ich auch die positive Bedeutung eines letzten Gerichtes für die Gläubigen begreifen. In der Liebe macht das Wissen um einen späteren kritischen Rückblick mit Verurteilung meines Versagens nicht Angst, sondern Mut!

Trost

In Deiner Traurigkeit und Niedergeschlagenheit möchte ich Dich trösten, Dir Mut machen, damit Du wieder zuversichtlich wirst. Mir ist es aber zu wenig, Dir nur zu versprechen, daß ich bei Dir bleiben werde und Dir helfen will. Ich will es tun, aber das soll nicht alles sein. Ich bin froh, daß ich Dir mehr als meine Unzulänglichkeit zusprechen kann. Gottes Trost will ich weitergeben: »Wenn ich also rede, dann rede ich für Christus und gebe, wie ein Botschafter, sein Wort weiter.«[1] Er wird sein Versprechen halten, so sehr ich es einschränken müßte, wären es nur meine Worte. Aber ich weiß auch, daß es Dir nicht egal ist, daß gerade ich Dir diese Worte als Lied weitergebe. Ich weiß, mein Trost hat Dich schon oft erreicht, und Gottes Zusage ist Dir in meinem Mund besonders greifbar:

Fürchte Dich nicht, ich bin bei Dir,
schau Dich nicht ängstlich um!
Ich stärke Dich, ich helfe Dir,
faß Deine rechte Hand.

Denk nicht an das, was früher war!
Sinne ihm nicht länger nach!
Ich schaffe Neues, jetzt wächst es auf,
erkennst Du es denn nicht?

Fürchte Dich nicht, ich bin bei Dir,
Ich habe Dich befreit!
Bei Deinem Namen ruf ich Dich;
Du bist mein!

[1] 2. Korinter 5, 20 nach J. Zink

Wenn Du durch tiefe Wasser gehst,
will ich schützend bei Dir sein.
Selbst durch Feuer will ich mit Dir gehn,
damit nichts Dir schaden kann.

Weil Du für mich so wertvoll bist,
gebe alles ich für Dich.
Hab keine Angst, ich bin bei Dir,
ich liebe Dich!

Nach Zusagen aus Jesaja 41 und 43.

Als Lied abgedruckt in »Songs junger Christen 3«, Nr. 129

Spatz oder Taube

Das Sprichwort sagt: Besser den Spatz in der Hand als die Taube auf dem Dach, d. h. lieber etwas weniger Wertvolles, auf das ich Anspruch habe und über das ich verfügen kann, als etwas Wertvolles, das ich nicht festhalten kann. Mir scheint's, daß der Glaube es umdreht und sagt: Die Taube auf dem Dach ist immer noch besser als der Spatz in der Hand. Lieber auf die Verheißung Gottes warten, als sich selbst einen Ersatz schaffen, der zwar verfügbar, aber unvergleichlich kleiner ist!

Aber selbst wenn Gottes Verheißung eintritt, bleibt da ein Unterschied zwischen der Nähe der Taube und der des Spatzen. Der Spatz ist *in* der Hand, er gehört mir; die Taube sitzt aber nur *auf* der Hand, sie steht mir auch zur Verfügung, aber sie ist nicht mein Eigentum – ich kann sie nur »haben, als hätte ich nicht« (1. Kor. 7, 29). Obwohl ich die Taube gar nicht festzuhalten brauche – sie fliegt ja nicht von meiner Hand weg –, spüre ich dennoch in mir das Verlangen, mit der anderen Hand zuzugreifen, um sie festzuhalten. Tue ich es, dann fliegt sie davon, bevor ich sie habe, oder – und das ist noch schlimmer – ich fange sie, und während ich sie halte, wird sie zum Spatzen. Es ist schlimmer, weil mir dann alles so wertlos wird und ich nicht einmal mehr weiß, was ich eigentlich verloren habe.

Um so schwerer fällt es mir dann allerdings, auf Gottes Aufforderung hin, den Spatzen loszulassen. Ich weiß, ich muß es tun, ich werde es auch tun – irgendwann, aber in dem Moment kann ich nicht und will ich nicht, obwohl ich ahne, daß ich dabei gewinnen werde. Wenn ich endlich die verkrampfte Hand öffne und ihn fliegen lasse – wie für immer und endgültig, dann geschieht das, was mich jedesmal vollkommen neu trifft: Der losgelassene Spatz fliegt davon und setzt sich als Taube wieder auf meine Hand.

Ich genieße sie voll Dankbarkeit gegen Gott, dem ich selbst ganz gehören darf und dem deshalb auch all das Meine ganz verfügbar bleibt. Unvorstellbar erscheint es mir, daß ich jemals etwas ohne IHN gewaltsam behalten wollte, was ER mir doch viel besser erhalten kann – bis sich meine andere Hand wieder regt und das Ganze von vorne beginnt!

Wie oft wollte ich auch in meiner Beziehung zu Dir Dich zwingen, war ich eher bereit, meinen Kopf durchzusetzen und weniger zu haben, als auf Gott und auf Dich zu warten. Wie oft habe ich an meinem Glück mit Dir verkrampft festgehalten, Dich mir verfügbar machen wollen und durch mein Fordern Dir Dein Schenken unmöglich gemacht. Wie oft habe ich Dich als vermeintliches Eigentum mißbraucht, war enttäuscht von Dir, weil ich mich in dem, was Du mir von Gott aus sein solltest, getäuscht habe.

Wie groß ist jedesmal mein Glück, wenn ich Dich loslasse und Du Dich mir wieder so ganz anders und beglückend als Taube schenkst.

Unsere Kinder

Wenn unsere Ehe an einem Punkt durch die religiöse Tradition gefährdet ist, dann in der Beziehung zur Sexualität und zum Empfangen unserer Kinder.

Das Genießen des ›Du‹ in dem ganzheitlichen Erleben des anderen und die ›Schöpfung‹ eines Kindes aus dem gemeinsam erlebten Glück und der gegenseitigen Liebe heraus gehören zum Schönsten, was Gott in die Schöpfung hineingelegt hat. Wenn es traurig ist, daß viele Gläubige mit ihren Trieben scheitern, weil sie ihre Bedürftigkeit ihrem Partner noch nicht als liebendes Empfangen und Geben ausdrücken können, dann ist es unverantwortlich und verheerend, wenn wir ihnen nicht helfen, in ihren Trieben die Größe und die Möglichkeit der Befriedigung zu sehen, sondern ihre Triebe selbst als Sünde bezeichnen. So wahr Jesus nicht kam, um uns zu versklaven, sondern um uns zu befreien für die Gemeinschaft mit dem Vater, so wahr ist Sexualität unter anderem dazu gegeben, uns die Freude an der Schöpfung Gottes zu schenken. Die Verachtung der Leiblichkeit – und damit der Schöpfung Gottes – hat nicht zufällig ihren Ursprung im Heidentum, sondern ist selbst zutiefst Ausdruck einer gestörten Gottesbeziehung. Wer im Frieden mit Gott lebt, wird auch im Frieden mit anderen und vor allem im Frieden mit sich selbst, seinem Menschsein und seinen Bedürfnissen leben lernen.

Du bist nicht nur geboren, um wieder zu gebären. Dein Leben ist nicht dadurch legitimiert, daß Du Kinder bekommst, sondern allein dadurch, daß Gott Dich liebt. Gott ist der Sinn Deines Lebens, Du brauchst ihn also nicht erst zu ›er-zeugen‹.

Auch steht der Auftrag, uns zu mehren und die Erde zu erfüllen (1. Mose 1, 28), seit dem Kommen Christi nicht mehr allein. Wir müssen ihn in einem verantwortlichen Verhältnis sehen zu Jesu Gebot »Gehet hin in alle Welt und lehret alle Völker . . .« (Matth. 28, 18–20). Es geht also um die grenzenlose Aufgabe, diese ›gefüllte Erde‹ mit der Liebe Gottes zu erreichen. Wie wir selbst als Paar mit unserem Beruf, unseren Gaben und Möglichkeiten am entsprechendsten dazu beitragen können, wollen wir bewußt im Gebet vor Gott entscheiden.

Ich freue mich auf unsere ›Kinder‹, ob wir eigene haben werden oder unsere Liebe auf andere Menschen übertragen werden, was sich keineswegs gegenseitig ausschließen muß. Eines aber laß uns immer als Grundsatz durchhalten: Wir selbst – und damit unsere Körper – sind geschaffen, um Liebe zu geben und um Liebe zu empfangen. Wir wollen uns gegenseitig beglücken, und jedes unserer Kinder soll einen Anspruch darauf haben, dann geboren zu werden, wenn wir ihm genau dasselbe Glück ganz schenken können. So sehr wir uns untereinander nicht nur ›annehmen‹ und dulden, sondern uns innig lieben und bejahen, so sehr soll jedes unserer Kinder ganz geliebt und freudig bejaht sein.

Deine Angst um mich

Ich weiß, daß Du manchmal Angst hast, Angst vor ›ihr‹, von der ich sagen könnte, ich würde sie heiraten, wenn Du nicht wärst; Angst vor ›ihr‹, die mich besser ergänzen könnte, die mir mehr entspräche und mich glücklicher machen könnte als Du.

Ich möchte Dir diese Angst nehmen! Als wir uns kennenlernten und über die Möglichkeit der Ehe sprachen, als wir merkten, daß sich unsere Beziehung von vergangenen unterschied, dachten wir über uns nach und erkannten allmählich, welche Eigenschaften, Fähigkeiten und Interessen und auch Fehler und Schwächen uns zueinander hinzogen. Unser Interesse füreinander war stark dadurch bestimmt, daß wir in vielem den Erwartungen des anderen entsprachen und uns auch seinen Wünschen anpaßten. So kam es, daß das Bild von meiner Frau sich allmählich in Dein Bild auflöste, bis ich es nicht mehr auseinanderhalten konnte. Dabei hatte ich die Neigung, Eigenarten an Dir, die sich nicht mit meinen früheren Erwartungen deckten, zurückzudrängen oder Dich in Richtung meines Ideals umzuformen, was ja immer wieder bei mir durchkommt.

Daneben wuchs aber gleichzeitig auch der ›Wille zu *Dir*‹, die Liebe, die nicht Deine Werte zur Bedingung hat, sondern Dich selbst meint. So sehr mir meine Idealvorstellungen von meiner Frau bei anderen Mädchen vor Dir halfen, mich nicht willkürlich momentanen Gefühlsregungen auszuliefern, so sehr sind sie jetzt bei Dir gefährlich, weil sie Dich belasten und Dich an Deiner freien Entfaltung hindern. Aber weil ich Dich liebe, habe ich mich für *Dich* und gegen meine Vorstellungen, mein Ideal von Dir, entschieden. Mein Ja zu Dir soll *Dir* gelten und nicht Deinen Qualitäten. Deshalb sollst Du auch frei werden von der Angst vor ›ihr‹, ich *will Dich* lieben!

Es mag sein, daß ›sie‹ mir begegnet, die mir als Alternative zu Dir erscheint, zumal ich mich ja dabei erwische, wie ich einzelne Qualitäten an anderen mit den Deinen vergleiche und sie gerne auf Dich übertragen will. Aber ich bitte Gott und Dich, daß ihr mich behaftet bei meiner Liebe – meinem *»Willen zu Dir«*.

Meine Angst um Dich

Manchmal überfällt auch mich die Angst und rückt Dich so weit von mir weg. Dein Bild springt über in ein ganz anderes, fremdes; ich meine, um Dich mit Recht fürchten zu müssen. Auf Deine Vergangenheit werde ich eifersüchtig und überlege, wie tief wohl die Eindrücke anderer Männer in Dir geblieben sind. In Deinem Schweigen vermute ich Deine Gedanken an sie und wage nicht mehr zu fragen, was Du denkst. Es kann auch die Angst vor dem Mann sein, den Du noch nicht kennst, der unsere Beziehung plötzlich verändern könnte, selbst wenn Du ›aus Anstand‹ bei mir bliebest. Oder es ist der Gedanke, daß Deine Liebe einmal erkalten könnte und wir nur noch nebeneinander her lebten.

Es sind Momente, in denen ich mich falsch von Dir her verstehe, in denen ich eine Absolutheit von Dir fordere, die nur Gott zusteht, denn eifersüchtig wäre ich mit Recht nur auf die Dinge, die mir ganz gehören und verfügbar sind – Du aber gehörst Gott. Ich verlange Dir Sicherheiten ab und freue mich nicht dankbar an der Gewißheit Deiner zugesprochenen Liebe und dem, was Du mir heute bist und schenkst.

Habe ich mir diese Ichbezogenheit erst eingestanden, ist die Wende schon fast vollzogen. Mir wird bewußt, daß Dich vielleicht die gleiche Sorge plagt. Ich habe das Verlangen, mit Dir darüber zu reden, Dir meine Liebe neu zuzusagen, Dir auch in Kleinigkeiten treu zu sein und Dich auf Gott zu verweisen. Dann ist meine *Angst um Dich* umgeschlagen in *Bereitschaft für Dich!*

Austausch der Herzen

Gebet:

Herr, Du hast uns gelehrt, wir sollen anderen genau das geben und tun, was wir von ihnen erwarten (Matth. 7, 12). Wir sollen also unsere eigenen Erwartungen zum Maßstab für das Verhalten dem anderen gegenüber erheben. Entsprechend äußert sich Deine Liebe als ein am andern orientiertes Verhalten: »Ich will, daß Du so glücklich bist, wie ich es gerne wäre!« Es findet in der Liebe ein Austausch der Herzen statt: Meine Probleme, Interessen und Anliegen sollen von ihr geteilt werden, und was sie bewegt und ausmacht, soll mich beschäftigen.

Ich entschuldige mich gerne damit, daß solches Verhalten zur Selbstauflösung führen muß, wenn ich es konsequent ausführen will; meine eigene Identität wird dabei vernachlässigt, denn ich passe mich ihr zu sehr an. Bei uns aber liegt das Problem gar nicht darin, weil sie mir bewußt Freiraum läßt und mich ermuntert, meine Bedürfnisse zu äußern. Gerade an diesem Punkt des Frei- und Loslassens sollte für mich das Prinzip des am anderen orientierten Verhaltens am stärksten gelten. Ich bin selbst derjenige, der immer wieder seine Interessen gegen die ihren durchsetzen will. In der Theorie bejahe ich den Austausch der Herzen, aber in der Praxis ziehe ich dann doch die Dekkung unserer Interessen der Ergänzung vor, die Gleichheit der Meinungen der Entsprechung. Ich rede davon, daß das Ziel unserer Liebe die harmonische Einheit ist, vergesse aber,. daß Harmonie nicht bedeutet, daß man einen von zwei Tönen zum Schweigen bringt, sondern daß sie, obwohl sie verschieden sind, genau zusammenklingen.

Die Folge Deiner Forderung ist also gar nicht Selbstauflösung meinerseits, sondern die Entfaltung ihrer Persönlichkeit. Der Austausch der Herzen wird mich dahin bringen, daß ich sie nicht mehr in meine Erwartungen zwänge, sondern sie mit ihren Zielen, Vorstellungen und Wünschen als eigene Schöpfung, unabhängig von mir, erkenne. Ich will ja letztlich auch in ihr ›sie‹ und nicht wieder mich selbst finden, ich will zur Liebe zu ihr und nicht zur Selbstbestätigung finden.

Die Erfahrungen, die ich mit ›Deiner Liebe‹ bei ihr gemacht habe, sind auch für mich selbst beglückend, denn es ist keine Liebe ohne Glück, sondern vielmehr ein Glück, das ich ohne Liebe nicht erklären kann; Deine Liebe äußert sich in meinem Glück als Auftrag und in meinem Auftrag als Glück. Ich brauche auf unser gemeinsames Glück nicht länger zu ›warten‹, sondern kann von mir aus an unserer ›großen Liebe‹ bauen. Ich bin selbst überwältigt, wie oft alltägliche Kleinigkeiten soviel bedeuten können, wenn ich die einfache Gleichung einhalte: »Was du von ihr erwartest, sei selbst bereit, ihr zu geben, und setze deine Erwartung in Bereitschaft um!« Deine Liebe, Herr, macht erfinderisch, weil sie ihre Ideen von meinen Erwartungen ableitet – und die sind unzählbar.

Ich werde auch beim ›Geben‹ selbst ›seliger‹ als beim ›Nehmen‹ (Apg. 20, 35), was nicht heißt, daß ich glaube, in Deinem Namen nur geben zu dürfen. Wie oft wollte sie mich schon beschenken und mich stärken, wo mein ›Nehmen‹ gerade in der stolzen Abweisung bestand und das wahre ›Geben‹ sich im Empfangen geäußert hätte. Herr, lehre mich stark sein, wo sie schwach ist, und schwach sein, wo sie stark ist! Das Glück, das ich von ihrer Liebe zu mir erwarte, bekomme ich gerade dann, wenn ich das für sie tue, was ich insgeheim von ihr erwartet habe.

Nur einen Nachteil hat das Ganze, und deshalb praktiziere ich es noch so wenig. Ich habe zwar die Einsicht und die Bereitschaft, aber ich scheine nicht genug Kraft zu haben, sie auszuleben. Doch wird mir meine Abhängigkeit von Dir, Herr, nirgends so bewußt wie da, wo ich konsequent lieben will.

Danke, daß Du selbst mich gerade mit der Liebe liebst, die Du von uns erwartest. Du hast Dich an meiner Bedürftigkeit orientiert, als Du für mich gestorben und auferstanden bist, und erwartest nichts, was Du mir nicht selbst geben kannst. Danke, Du selbst hast an unserer ›großen Liebe‹ schon vor zweitausend Jahren gearbeitet und sie durch Deine Hingabe ermöglicht. Danke, Du bist stark, wo ich schwach bin, und erwartest von mir selber nichts als Schwachheit, weil Du mich angenommen hast. Du hast im Austausch der Herzen meine ganze Unfähigkeit und mein ganzes Versagen auf Dich genommen und mir Deine Kraft und Liebe in Abhängigkeit von Dir zur Verfügung gestellt. Ich will auch Deine Anliegen und Vorhaben mit Dir teilen, will Dir gehören, damit Du Deine Liebe durch mich ausleben kannst. Zerbrich meinen Stolz und meinen Egoismus, auch wenn es mir wehtut. Lehre mich Dein am andern orientiertes Verhalten. Denn nie bin ich *mehr* identisch als beim Aufgeben meiner Isolation und im Freiwerden für Dich, Herr, und für andere Menschen. Danke für den Austausch unserer Herzen!

Dein ›Sein‹, wenn Du fern bist

Hast Du es auch schon entdeckt, wieviel wir uns bedeuten, selbst wenn wir uns länger nicht sehen können? Ich bin glücklich, daß es Dich gibt, auch ohne Dein ›Da-Sein‹ bei mir und für mich. Ich schaue ein Foto von Dir an und lese Deine Briefe, gehe spazieren und bete für Dich. Dabei erlebe ich Dich ganz nah und wirklich. Oft habe ich ein starkes Du-Bewußtsein, ich lebe ganz mit Deiner Wirklichkeit, was viel mehr als ein Gefühl ist. Gleichzeitig kann ich bei mir – bei und in Dir sein.

Der Schritt zu Gott selbst liegt mir bei diesem Erleben meist sehr nahe. Seine Wirklichkeit, seine Interessen, sein Wort und mein Gebet an IHN, den ich wie Dich ja auch nicht sehe, werden mir bedeutsam. Die Grundbegriffe unseres Glaubens wie Hoffnung, Geduld, Liebe, Bereitschaft für seine Wiederkunft, der Glaube überhaupt als konsequentes Leben mit einer Wirklichkeit, die ich nicht beweisen, sehen und fühlen kann – das alles wird mir ganz neu denkbar und praktikabel. Voll Dankbarkeit bin ich dann, daß wir an IHN glauben und Du mich auch dann noch an IHN erinnerst, wenn wir äußerlich getrennt sind.

Sei frei!

Zum Schönsten an Dir gehört Dein Gespür dafür, wann ich Freiheit brauche. Nichts hielt mich früher mehr von der Ehe ab, als die Angst vor dem Versklavtsein und Versklaven, die Liebe unmöglich machen, als die Furcht vor den hohen Erwartungen, die das Beschenken verleiden. Nichts entmutigte mich bei Ehepaaren mehr, als ihre ›kindische‹ Abhängigkeit, die jede Ausprägung ihrer eigenen Persönlichkeit verstellt: Ein ehemals selbständiger Junggeselle ist nach einem Jahr nicht mehr in der Lage, ein Hemd zu bügeln oder ein schmackhaftes Essen auf den Tisch zu stellen, und ein selbständiges Mädchen nicht mehr fähig, eine verantwortliche Entscheidung in seiner Abwesenheit zu treffen.

Du hast mich, seitdem wir uns kennen, damit überrascht, daß Du schon vor mir spürst, wann ich Alleinsein, Freiheit und Selbständigkeit brauche. Während ich mir überlege, was mein Glück mit Dir im Moment einschränkt, kommt meist schon ein Brief von Dir, oder Du sagst es mir: »Sei bitte ganz frei, sei ganz ›Du selbst‹, laß Dich nicht in etwas hineinzwängen, sondern sei allein und selbständig und komme erst, wenn Du von Dir aus gerne willst!« Meist merke ich erst, was mich bedrückte, wenn ich solche Worte wieder von Dir lese. Es kann sein, daß ich Dir gleich zurückschreiben oder zu Dir fahren muß, um Dich zu beschenken und beschenkt zu werden, denn nur wer frei ist, kann sich schenken.

Du, ich möchte, daß Du ein Leben lang frei bleibst! Deine Bindung an mich soll für Dich die größtmögliche Form von Freiheit überhaupt sein. Auch wenn ich nicht das gleiche Gespür haben sollte für Dein Unwohlsein bei meiner Einengung, habe den Mut, Dich wieder freizumachen – gerade aus Liebe zu mir! Ich weiß nicht, wie ich jeweils reagieren werde, wenn Du meinen lieblosen Erwartungen ausweichen wirst, aber tue es – auch um meinetwillen.

Wenn ich Ansprüche auf Dich erhebe, die nur Gott zukommen, und ich Dich von mir abhängig machen will, dann kläre bewußt wieder die Rolle, die ER in Deinem Leben spielt, und die, die ich spielen will. ER ist Dein Herr, ihm nur gehörst Du – unbedingt und ganz. Mir hast Du Dich ›geliehen‹ – nicht statisch, sondern dynamisch, jedesmal neu als Geschenk, nicht nach einem Vertrag, auf den ich rechtmäßig bestehen könnte, sondern jeden Tag aus Gnade. Bleibe selbständig und frei für IHN, damit Du mich auch mit seinen Maßstäben hinterfragen und korrigieren kannst und nicht meine Fehler einfach mitmachst, indem Du nur durch mich mit IHM verbunden bist.

Sei aber auch frei, eigenen Interessen nachzugehen. Mit Deiner Liebe hast Du mir ja Deine Hingabe und nicht Deine Selbstauflösung zugesagt, denn was willst Du mir denn schenken, wenn Du Dich, Deine Identität, Deine Gaben und Interessen vorher in die meinen auflösen mußt? Nein, sei Du selbst und arbeite an Dir!

Wenn Du, vereinfacht gesprochen, zum größeren Teil aus ›weiblichen‹ und zum kleineren Teil aus ›männlichen‹ Eigenschaften bestehst und ich entsprechend andersherum, dann laß uns nicht den andersgeschlechtlichen Anteil auflösen und ihn dem anderen überlassen, sondern laß uns gegenseitig die schwächeren Anlagen ausbilden, die vorher nicht so durchkommen konnten. Wir sollen beide ›ganze Menschen‹ werden, die sich einander auch ganz schenken können.

Ich freue mich auf unsere gemeinsame Zukunft, auf die Bindung zur Freiheit und die Freiheit zur Bindung – sei frei, sei Du selbst und schenke Dich mir immer nur aus Liebe!

Unser Weg

Gebet:

Würdest Du uns fragen, Herr, welchen Weg wir mit Dir zusammen gehen wollen, dann kämen für uns bei der Wahl drei Möglichkeiten in Betracht.

Einerseits wollen wir den Weg gehen, der Dich am meisten erfreuen wird, auf dem wir unsere Liebe zu Dir optimal ausleben und Dir uneingeschränkt gefallen können.

Andererseits fasziniert uns auch der Weg, auf dem wir selbst am glücklichsten in unserer Liebe zueinander sind; der Weg, den wir auch noch in der Rückschau, wenn wir einmal bei Dir sein werden, als den für uns schönsten und erfülltesten ansehen werden.

Schließlich spricht auch vieles für den dritten Weg, auf dem wir unserer Umwelt und unserem Auftrag an ihr am besten entsprechen, auf dem wir gerade durch unsere Ehe Menschen am effektivsten erreichen, sie auf Dich verweisen und ihnen helfen können.

Weil Du uns beide liebst, Herr, und uns deshalb auch glücklich sehen willst, weil unsere Bereitschaft für andere Menschen Reflexion Deiner eigenen Liebe zu ihnen ist, Du selbst ihnen also noch viel mehr helfen willst als wir, kann es sich bei dem Weg unserer Liebe zu Dir, dem Weg unseres eigenen Glücks und dem Weg unserer Brauchbarkeit für andere nicht um drei Wege handeln; es ist ein und derselbe Weg – den führe uns!

Beschützt oder geborgen?

Es besteht ein wesentlicher Unterschied zwischen Beschütztsein und Geborgensein. Der Schutz, den wir uns gegenseitig bieten können, ist sehr unzulänglich, da wir sehr viel Zeit unseres Zusammenlebens getrennt sein werden und auch unser Zusammensein die Gefahren, Probleme und Unannehmlichkeiten nicht immer abhalten kann. Ich habe aber schon erfahren, daß Du mich in Deiner Liebe, auch wenn wir getrennt sind, dennoch zuversichtlich und stark machst, weil Du mir Geborgenheit vermittelst. Wäre unsere Sicherheit auf das Beschütztsein angewiesen, dann müßten wir uns einschließen und die Welt um uns herum vergessen. Weil aber unsere Liebe uns Geborgenheit schenkt und uns – wie wohl jede echte Liebe – befähigt und nicht schwächlich macht, haben wir Grund genug, zuversichtlich auf die Aufgaben und Probleme, das Angefochtensein und das Alleinsein zu schauen. Die Liebe soll uns für unsere Umwelt befähigen, denn Geborgenheit wird gerade im Widerstand, in der Schutzlosigkeit wirksam.

Du und meine Vergangenheit

Durch das Erfahren von Liebe werde ich meine ganze Vergangenheit vergessen können, als wäre sie nie gewesen – so dachte ich zunächst. Ich darf allerdings meine Vergangenheit nicht verdrängen, denn nur mit meiner Vergangenheit kann ich als eigene Persönlichkeit identisch werden. Sie macht mich in entscheidender Weise zu dem, was ich heute bin.

Deine Liebe und Dein Interesse für alles, was mit mir zu tun hat – auch meine Vergangenheit –, weckt wieder eine Erinnerung nach der anderen und fängt sie positiv auf. Ich genieße es wie eine Heilung, wenn Du in ›meiner Geschichte‹ Enttäuschungen, Niederlagen und Bedürfnisse entdeckst, sie in den Gesamteindruck einordnest und sie zu lösen oder befriedigen versuchst. Bald scheint es mir, als kennten wir uns schon seit eh und je, weil jede Erinnerung bis in die Kindheit zurück durch Dein Interesse geprägt wird. Ich weiß, daß ich dasselbe bei Dir tue, aber da ist es mir gar nicht so bewußt, wieviel es bedeutet. Unsere Liebe macht *nicht vergessend,* sondern *erinnert heilend.*

Zwei Hälften machen ein Ganzes

Als Adam seine Frau erkannte, sagte er: Das ist doch endlich Bein von meinem Bein und Fleisch von meinem Fleisch; man wird sie ›Männin‹ nennen, weil sie vom Manne genommen ist (1. Mose 2, 23).

Gerade in Deinem Anderssein und Deiner Persönlichkeit finde ich zutiefst mich selbst wieder, ›erinnere‹ ich mich an eine Identität, die mir vorher noch nicht bewußt war und die dennoch in mir angelegt sein muß. Du bist das Gegenüber, das ich brauche, um mich selbst zu erkennen. Je näher wir uns kommen, desto bewußter wird mir, wie sehr ich ohne Dich nur *eine* Hälfte von ›mir‹ selbst war.

Du ergänzt mich durch das, was Du mir bist, in dreifacher Weise. Zunächst bist Du mir der beste Lehrer für die Übersetzung der Grundbegriffe meines Glaubens in mein Leben. Durch mein Angelegtsein auf Dich hin, mein Beschenktwerden von Dir und mein Leben mit Dir in dem Bewußtsein des ›Wir‹ werde ich fortwährend an Gott und meine ›Halbheit‹ ihm gegenüber verwiesen. Durch diesen ›*Verweischarakter*‹ ist Deine Liebe für mich das deutlichste *Gleichnis* von Gottes Reich und Seinem Kommen.

Daneben hat unsere Liebe auch einen ›*Ergänzungscharakter*‹ im weitesten Sinn. Es ist mein Bedürfnis, sowohl Liebe geben als auch empfangen zu können. Die Möglichkeit, beides ganz bei einer Person zu tun, alle männlichen Rollen gleichzeitig ausleben zu können – ›Sohnschaft‹, ›Freundschaft‹ und ›Vaterschaft‹, Angewiesensein, Partnerschaft und Verantwortung in gleichem Maße –, bewirkt ein vorher nie erfahrenes Erleben meiner Identität, meines ›Ichs‹. Der spielerische Subjektwechsel in unserem ›Wir‹, in dem ich ›Du‹ sagen kann und genauso leicht ›Ich‹, weil Du ›Du‹ sagen willst, erfüllt mich mit Geborgenheit und Sicherheit. Ich habe wieder den Mut, laut ›Ich‹ zu sagen, weil ich dabei in glückliche Augen schaue, die sich über meine Empfänglichkeit freuen. Die Feigenblätter, die seit dem Sündenfall die Schwachheit und Blöße der Menschen verdecken sollen, um von ihr abzulenken, werden überflüssig, weil ich vor Dir ›nackt‹ sein darf, ohne mich zu schämen. Du suchst keine falsche Männlichkeit in mir und erwartest nicht, daß ich etwas vorgebe, was ich nicht bin. Ich darf schwach sein und darf stark sein – nur ich selbst muß ich sein, weil Du *mich* liebst und nicht meine Maske. Schon die Sicherheit, mit der ich hier von mir und Deiner Liebe schreibe, zeigt die absolute Neuheit meiner Situation. Ich hoffe nicht vage und fühle nicht nur, sondern ich *weiß*, daß Du mich liebst, so sehr Du auch versagen darfst, ohne meine Identität damit aufzulösen. Alle diese Worte kann ich auch als Gebet sprechen; sie sind der treffendste Ausdruck für das, was Gottes Liebe in mir – schließlich nicht zuletzt durch die Deine – bewirken will. Deshalb bist Du auch ›frei‹, an mir zu versagen, denn Deine Liebe weiß ich als Ausdruck Seiner Liebe, die mich vollkommen trägt. So liegen Ergänzungscharakter und Verweischarakter in unserer Liebe ineinander. Durch diesen Zusammenhang können wir sagen: ›Wir sind‹ – identisch, glücklich, selbstbewußt, geborgen – und bereit!

Der Wunsch, für Gott zu leben, kreativ zu wirken und andere Menschen teilnehmen zu lassen an der Liebe, die wir von IHM erfahren, äußerte sich schon während unserer Verlobung in der Befähigung zum Studium, im Setzen von Lernzielen bis zum nächsten Wiedersehen, im Arbeiten an der eigenen Persönlichkeit und in der Bereitschaft, auf andere zuzugehen. Freilich habe ich auch früher schon dem Missionsbefehl Jesu (Matth. 28, 18–20) entsprechen wollen. Bei all meiner Liebe zu Gott kostete es mich sehr viel Überwindung, immer auf andere einzugehen, ohne selbst schwach sein zu können, mich ständig ihren Angriffen auszusetzen, ohne selbst menschliche Zuwendung in der notwendigen Weise zu erfahren. In diesem ›*Sendungscharakter*‹ unserer Liebe erreicht unsere Ergänzung ihre schönste Erfüllung, weil wir bei unserem Geben nach außen selbst so reich werden. Es gibt zwar auch Paare, die sich nichts zu sagen haben und nur deshalb Kinder zeugen und Aufgaben suchen, um die Verlegenheit zu verdecken, aber die ›Sendung‹ lebt gerade von unserer Liebe und ist nicht Ersatz für sie. Darum nehmen wir uns ja auch immer wieder die Zeit, in der wir uns ganz allein gegenseitig beschenken und verwöhnen können, um als ›Wir‹ wieder aktionsfähig zu sein. Ich bin stolz auf Dich, weil Du mich nicht in meiner Liebe zu Gott einschränkst, sondern meine Fähigkeiten entfaltest und als Erfüllung unserer Liebe unseren Auftrag von Gott auf der Grundlage unserer eigenen Liebe siehst. Andere Menschen begegnen uns allerdings nicht nur als ›Auftrag‹. Liebe bewirkt ja nicht, daß wir nur noch den Geliebten genießen können, sondern daß wir nichts mehr ›ohne‹ den Geliebten erleben wollen. Das Einbeziehen des anderen beginnt zur grundsätzlichen Haltung unserer Liebe zu werden, weshalb wir auch nicht ständig zusammensein müssen – unsere Einheit ist tiefer als nur äußerlich. Ich freue mich immer, wenn Du wieder neue Anregungen, die Du durch Gespräche, Bücher oder Erlebnisse bekommen hast, in unsere ›Einheit‹ einbringst. Sonst würde unsere Liebe bald einseitig oder überhaupt sprachlos werden, wenn wir immer nur dieselben Inhalte und Begriffe so lange hin und her reflektierten, bis sie ihre letzte Leuchtkraft verloren hätten. Wir wollen

›*uns alles sein*‹ und beschränken uns gerade deshalb nicht auf den anderen als Quelle für unser Wissen, unsere Anregungen und unsere Persönlichkeitsentwicklung. So können wir wirklich *alles,* was wir sind, einander zugute kommen lassen.

Durch den Verweis-, Ergänzungs- und Sendungscharakter unserer Gemeinschaft sind wir nicht nur doppelt so fähig, glücklich und mit Gott verbunden wie vorher, sondern es ist etwas qualitativ ganz Neues entstanden, das wir vorher kaum ahnten. Wenn eine Hälfte durch eine andere ergänzt wird, ergibt das nicht nur das Doppelte, sondern etwas völlig Neues – eine *Ganzheit!*

Finden

Ich habe uns verloren –
und muß uns neu suchen!
In der Selbstfindung finde ich auch Dich.
Wenn ich Dich finde, finde ich auch mich –
und kann auch Gott neu begegnen.
Im Finden zu Gott
finde ich stets auch wieder zu Dir –
und kann auch mir neu begegnen.

Ich glaube, am besten suche ich
zunächst und vor allem Gott,
denn habe ich zu IHM gefunden,
dann bin ich auch wieder am schnellsten
bei Dir und bei mir.
ER ist der Suchenswerteste –
und ER läßt sich finden!

Du vergibst mir

Ich habe an Dir versagt, Du hast mir vergeben, und es erscheint mir, als hätte ich nie vorher Vergebung so tief erlebt.

Natürlich kenne ich den Schmerz der Reue: ich ärgere mich, daß ich versagt habe, und will mich zusammennehmen, damit ich es das nächste Mal besser mache. Allerdings bleibe ich dabei in meinem Selbstbewußtsein als ›Mann‹ ziemlich unangetastet, schließlich bin ich höflich gegen Gott oder den anderen Menschen und entschuldige mich – was ich übrigens schon sehr gut kann – bei allen passenden und unpassenden Gelegenheiten. Die Heftigkeit der Reue beweist mir sogar, wie wenig mir das Verhalten zutiefst entspricht; denn eigentlich ist es mir nur ›passiert‹, ich war es gar nicht selbst. Mich selbst sehe ich identisch mit meinem guten Bild von mir, meinem ›idealen Ich‹. Mit dem Bitten um Verzeihung und dem Zuspruch der Vergebung wird die Spannung zwischen der Tat und dem idealen Bild von mir beseitigt, weshalb mir auch so viel daran liegt, die Sache möglichst bald zu bereinigen. Vergebung hebt nämlich die Distanz auf und befreit wieder – aber leider nicht die Distanz zum andern, sondern die zu meinem eigenen Ideal-Ich, befreit dann nicht zur Gemeinschaft, sondern nur zur selbstherrlichen Isolation. Ganz innen ahne ich aber, daß da etwas falsch läuft, mein Gegenüber mich nicht nur interessieren darf, wenn es mich in meiner Vorstellung bestätigt oder, negativ gewendet, eben darin angreift. Dieser leise Vorwurf, der sich meldet, weil ich die Vergebung mißbrauche, wird aber als ›Nachwehen‹ des ja vergebenen Versagens interpretiert –, und ich gebe mich zufrieden.

Jetzt aber ist mein ganzer Vergebungs-Mechanismus umgeworfen. Bei diesem Versagen und Deiner Reaktion des Vergebens bewegt mich nicht die Reue, daß *ich* versagt habe, sondern der Schmerz, daß ich an *Dir* versagt habe, *Dich* verletzt habe. Weil ich *Dich* aus dem Gleichgewicht gebracht habe und Du meine Liebe in Frage stellen mußt, leide ich nicht an dem Schmerz, verletzt zu sein, sondern verletzt zu haben. Ich kann jetzt nicht billig um Vergebung bitten, ich will nicht in ›Ordnung‹ bringen und vergessen, daß ich Dir wehgetan habe. Nein, ich muß mich einfach vor Dir dazu stellen, Dir mein Versagen eingestehen und auf Dich warten, denn es liegt alles bei Dir.

Deine Reaktion kann ich gar nicht verstehen! Mir bricht bei meinem Eingestehen des Versagens das Bild von mir selbst völlig auseinander, ich bin nicht mehr mein ›Ideal-Ich‹, sondern der schwache, versagende, ganz durchschnittliche Mensch. Mir scheint mit der Erkenntnis überhaupt jede Daseinsberechtigung auf dieser Welt – und vor allem vor Dir – genommen, denn womit legitimiere ich meine Gegenwart, wenn nicht mit meinen – alles Versagen weit übertreffenden – Qualitäten. Du aber vergibst mir so selbstverständlich, als hättest Du nie jemanden anders in mir gesehen.

Deine Liebe schmerzt mich tiefer, als es meine Reue je getan hat, aber nie war ich so glücklich wie in diesem größten Schmerz, der mich endlich von der Last der Selbstdarstellung befreit. Ich bin nicht geliebt wegen meiner Werte und Leistungen, meines Aussehens, meiner Eigenschaften und Ideale, sondern mein Glück und Wertgefühl beruht auf Deiner Liebe. Deine Anerkennung beruht nicht auf meinen Werten und reflektiert nicht nur mich selbst, sondern sie ist ganz Geschenk, Gnade. Du sagst es oft, daß Du mich liebst, aber es hat mich bisher immer etwas ängstlich gelassen, weil ich um den Augenblick Deiner Erkenntnis meiner ›Nacktheit‹, in der die letzte Maske fällt, fürchtete. Du hast mich mit Deinem Vergeben befreit, aber nicht für mein Bild von mir, sondern für Dich, hast die letzte unausgesprochene Distanz zwischen uns abgebaut, weil mir jetzt bewußt ist, daß Du mich selbst mit Deiner Liebe meinst, und das gibt mir Mut, mich zu bejahen. Vergiß aber bitte mein Versagen nicht, verdränge es nicht, weil ich sonst wieder fürchten muß, daß Du doch nur mein Ideal liebst. Laß Deine Vergebung nicht Vergessen bedeuten, sondern Tragen meiner Schuld, nur darin ist sie wirklich aufgehoben. Den Schmerz meinerseits will ich nicht mehr verlieren, er scheint zur Liebe wesensmäßig zu gehören.

Neulich habe ich Dir ein Versagen vergeben, das mich viel weniger traf als Dich, weil es wohl unser Verhältnis störte, bis wir darüber sprachen, mir aber nichts an meinem Bild von Dir zerstörte. Ich liebe Dich, wie Du bist, nicht wie Du gerne wärest – so sehr ich Deine Ziele schätze – und nicht *trotz* Deines Versagens, sondern *mit* deinem Versagen. Jetzt bin ich in der gleichen Situation und verstehe, warum Dir meine Worte so viel bedeuteten. Unsere Liebe lebt von der Vergebung; und so sehr sie auch unter dem Versagen leidet, sie wächst durch die Vergebung scheinbar mehr, als wenn wir nicht versagt hätten.

Während des Schreibens meiner Gedanken wird mir bewußt, wie sehr das unser Verhältnis zu Gott ändern muß, wenn wir Vergebung im Zusammenhang *Seiner Liebe* und nicht mehr unter dem Aspekt unserer moralischen Schuld und unserer Unvollkommenheit sehen. Wenn das Vergebung ist, was wir miteinander erleben, dann brauchte der Glaube nichts zu erfahren als Vergebung, um unser ganzes Leben mit Glück zu erfüllen. Warum sind wir Gott gegenüber oft so gleichgültig, obwohl er uns noch so viel mehr als Vergebung schenkt? Ich will den Brief noch einmal lesen – als Gebet!

Rosen – zum Beispiel

Es gibt Pflanzen,
die haben unangenehme Eigenschaften,
die so bestimmend sind, daß man –
ungeachtet ihrer sonstigen Qualitäten –
die ganze Pflanze nach ihnen benennt:
›Dornen‹ – zum Beispiel!

Es gibt andere Pflanzen,
die haben dieselben Fehler,
aber sie haben so bestimmende
angenehme Eigenschaften,
daß man sie nicht nur *trotz* der Fehler,
sondern wirklich *mit* den Fehlern liebt!
Man freut sich,
die Fehler berücksichtigen zu können
– sie gehören einfach dazu –,
diese Pflanzen bekommen dann einen schönen,
wohlklingenden Namen:
›Rosen‹ – zum Beispiel!

Warten oder Harren

Wie tief unsere Liebe ist, zeigt sich da am eindeutigsten, wo sie am stärksten belastet wird. Das wird sie für mich vor allem bei unserem Getrenntsein, obwohl wir beide dessen Notwendigkeit um unserer Aufgaben willen vollkommen akzeptieren. Ich halte oft an der Richtigkeit unserer Aufgaben, an der Hoffnung unserer Liebe und unseres Wiedersehens fest, aber diese Hoffnung kann ganz verschieden sein: manchmal kann ich auf Dich *warten* und manchmal muß ich *harren.*

Beim Warten schaue ich dem Kommenden schon entgegen, das Licht der Erfüllung erleuchtet schon die Finsternis meiner Leere und Bedürftigkeit. Auf die Weise der Vorfreude erfahre ich schon Befriedigung, die die Erwartung natürlich nicht aufhebt. Vielmehr wird das Bedürfnis nach der endgültigen Erfüllung durch die Befriedigung der Vorfreude in zuversichtlicher Hoffnung nur gesteigert.

Mein Warten lebt dabei von dem Wissen und Bewußtsein, daß wir uns wiedersehen werden. Auch wenn die Vorfreude mich schon motiviert hatte, ohne daß unser Zusammenkommen daraufhin wie erhofft zustande kam, ist sie dennoch immer auf die Gewißheit angewiesen, daß es eintreten wird. Die Vorfreude lebt von dem Bewußtsein, *daß* es eintritt und dem Ahnen, *wie* oder *was* es sein wird, wie dem Hungrigen nicht nur die Ankündigung des bevorstehenden Essens – als das ›daß‹ – den Appetit anregt, sondern vielmehr auch der Geruch bei der Zubereitung – als das ›wie‹ und ›was‹ – ihn konkret, zuversichtlich und gespannt hoffen läßt. Er genießt schon in Vorfreude das Essen in Form des Geruches und kann, wenn notwendig, warten, denn die Erfüllung ist ihm ›gewiß‹. So ist also das Warten selbst schon angenehm.

Es ist schön, auf Dich zu warten. Die Dinge, die ich von Dir bei mir habe, erinnern mich an meine greifbare Zukunft, unsere ›Lebenszeichen‹ sind der Geruch, der dem Hungrigen wieder neu vor Augen stellt, worauf er freudig warten kann, während er seiner Aufgabe nachgeht. Ich schaue Dir, als derjenigen, die auf mich zukommt, freudig entgegen.

Anders ist es aber, wenn ich nur *harren* kann, ausharren in der Belastung und Bedürftigkeit und gegen allen Widerstand beharren auf unserer Liebe. Harren ist für mich das Festhalten an Dir innerhalb meiner Leere, in der das Licht der Erfüllung nicht schon im voraus meine Dunkelheit erleuchtet. Wenn ich so nur Dunkelheit fühle und erfahre, trägt mich nur noch das reine Wissen des *›daß‹*, die Gewißheit, *daß* es Dich gibt und wir wieder zusammensein werden. Ich habe dabei kein Gefühl der Vorahnung, keinen Vorgeschmack des Kommenden, das mich in meinem Ausharren bestätigen und ermutigen würde. Ich lebe nicht wie beim Warten mit der schönen und schon greifbaren Zukunft, sondern stürze in eine nicht ahnbare Zukunft wie in das endlose Nichts des schwarzen Weltalls. Daß es eine Zukunft geben muß, spüre ich nur daran, daß ich immer tiefer stürze. Es ist nicht die Furcht vor etwas bestimmtem Unangenehmen, das auf mich zukommt, sondern das Leiden an der Leere, dem Unbestimmten, dem Nichts.

Gerade hier werden Glaube und Liebe erst zutiefst wirksam. Es ist das willentliche und vernunftsmäßige Verharren bei der Tatsache des ›daß‹. Das Ziel meines Sturzes ist die Geborgenheit, die Liebe und Wärme. Am Ende dieser

Tiefe warten die mich bergenden Arme Gottes. Es wird einen Punkt geben, an dem ich die unendliche Tiefe des schwarzen Weltalls durchbrechen werde – wie eine Pappkulisse – und in der Liebe sein werde.

Bei alldem kann ich mich aber noch nicht darauf freuen, denn ich fühle und ahne es nicht, ich weiß nur das ›daß‹, nicht das ›was‹ und ›wie‹ der Lösung – wie ein Name, ein Wort, das ich vergessen habe, das mir entfallen ist; es bleibt nur das Bewußtsein, daß da etwas Wichtiges war, an dem ich festhalten wollte; denn wüßte ich genau, was mir entfallen ist, wäre es ja damit schon wieder verfügbar. Harren heißt also ›trotzdem‹ und ›dennoch‹ festhalten, obwohl ich jetzt nichts davon habe; es bleibt der Zukunft vorbehalten, die sich meiner Gegenwart hartnäckig verschließt.

Aber aus Liebe halte ich fest, mein ›Wille zu Dir‹ ist die Quelle meiner Kraft, nicht mein von Dir gewecktes Gefühl. Daß es richtig ist auszuharren, ist mir bewußt, denn ich harre auf die Wirklichkeit, nicht auf einen Traum. Das Nichts, das ich uneingeschränkt erleide, ist der Alptraum. Deshalb muß ich mich darin ständig ermahnen, mich nicht an das Sichtbare, Verfügbare zu halten, sondern willentlich wegzusehen vom Nichts und aufzusehen auf die ›wirkliche Wirklichkeit‹, die letzte Realität, die irgendwann vom ›Traum‹, von der ›Vision‹ in Erfahrung umschlagen wird.

Mir ist längst bewußt geworden, daß ich zu biblischen Begriffen übergegangen bin. Nichts entspricht unserem Glauben an Gott und Warten auf IHN mehr als das, was ich Dir gegenüber als dieses Ausharren trotz Deiner Ungreifbarkeit beschreibe. Es gibt nur wenige Tage, an denen wir auf Gott in fühlbarer Vorfreude warten können, aber nach alledem gibt es keinen Tag, an dem wir nicht auf IHN harren und so mit IHM leben können – unabhängig von Gefühlen.

Unsere Liebe zu IHM und untereinander wächst – vielleicht auch deshalb, weil wir so viele Gelegenheiten haben zu harren!

Die Liebe verträgt alles, sie glaubt alles, sie hoffet alles, sie duldet alles; die Liebe höret nimmer auf (1. Kor. 13, 7).

Ein Steinwurf weiter

Mein Verhältnis zu Gott und zu Dir besteht immer als positive Spannung. Wie sich bei einer Gratwanderung eine Einseitigkeit nach der einen oder anderen Seite verheerend auswirkt, so führt auch meine falsche Einseitigkeit in meinem Verhältnis zu Gott und zu Dir in beiden Beziehungen zum Scheitern.

Das ›Beschränken‹ auf Gott ist meist mein Ausgangspunkt: »Herr, ich will Dich alleine kennen- und liebenlernen, will nur Dich und keine Menschen!« Ich finde IHN auch daraufhin – aber nur für eine kurze Zeit, denn die innere Isolation von Dir bezüglich meiner Abhängigkeit von Gott macht mich bald leer. Ohne daß ich es zu merken brauche, versteinert meine Liebe zu Gott allmählich, und anstatt in einer ›Du-Beziehung‹ stehe ich zu Gott in einer reinen ›Ich-Beziehung‹. Meine Gedanken, Gebete und mein Bibellesen kreisen letztlich nur um meine eigenen Interessen. Auch wenn ich mich dabei an IHN wende, ›hat‹ ER mir nur Fragen zu beantworten, auf meine Probleme einzugehen und mich zu bestätigen – was ER freilich nicht tut. Weil ich keine Reaktion mehr wahrnehme – Gott spricht hier wie sehr oft am deutlichsten durch sein Schweigen – fange ich an, im Selbstmitleid zu grübeln und zu träumen, denke an die ›alten Tage‹ zurück und drehe mich dauernd im Kreis. Selbst wenn ich mich noch so sehr mühe herauszukommen, ändert sich daran nichts – sowenig eine Katze zum Ziel kommt, wenn sie ihrem eigenen Schwanz hinterherläuft.

An einem bestimmten Punkt – es ist meist mein ›Nullpunkt‹ – ändert es sich dadurch, daß ich im Gebet und Gespräch mit Dir von mir selbst wegkomme. Das Zugeben meiner Bedürftigkeit, das Bewußtwerden meiner Inkonsequenz und meines Versagens durchbricht das Eis zum ›DU‹. Wenn ich Dich in meinen Gebeten wieder in die Mitte meiner Anliegen stelle und nicht meine eigenen Probleme, wenn Du mit mir und für mich betest und ich bereit bin, Gott von Dir her zu erwarten – dann ist mir alles so nah und greifbar, daß ich nicht verstehe, warum ich nicht die ganze Zeit mit Gott und mit Dir geistlich harmoniert habe. Jedesmal wenn ich auf Dich schaue, steht mir auch Gott wieder vor Augen, ich kann Dich nicht denken, ohne an Gott zu denken. Weil ich so stets zu meiner Konsequenz im Glauben ermuntert werde, bin ich glücklich, durch Dich IHN wieder gefunden zu haben.

Leider gleitet diese zweite Phase meist in eine dritte über, in der ich nicht nur Gott *von Dir* her, sondern IHN *nur noch* von Dir her erwarte. Ich habe IHM sehr viel zu sagen, wenn wir zusammen beten, aber ich habe IHM nichts mehr zu sagen, wenn ich alleine bin. Ich kann Gott nicht mehr erleben, ohne an Dich zu denken, was dazu führt, daß ich Dich überfordere und wieder unzufrieden und unfähig werde.

Von Jesus heißt es, daß er sich im Garten Gethsemane von seinen Jüngern ›losriß‹, um ›einen Steinwurf weit‹ von ihnen entfernt mit dem Vater im Gebet allein zu sein (Luk. 22, 41). Es fällt mir nicht weniger schwer, aber es ist auch bei mir genauso notwendig, mich hier ›loszureißen‹ von der Gemeinschaft mit Dir. Manchmal reicht ein Gedanke des Loslassens, oft die Entscheidung, bewußt allein zu sein, um Gott selbst wieder zu begegnen, dem Gott, den Du mir so groß gemacht hast, der durch Dich zu mir sprach, der hinter Deiner Liebe steht. Selten bete ich intensiver, ist mir Gott beim Bibelstudium so nahe, selten bedeutest auch Du mir so viel wie in den Stunden, in denen ich IHN einen Steinwurf weiter treffe, IHN, den ich in der Gemeinschaft mit Dir besser kennenlerne.

Die Gedanken des folgenden Liedes kamen mir als Gebet zu Gott ›einen Steinwurf weiter‹:

Ein Gebet

Ich ahne jenseits meiner Fragen,
Du willst noch völlig anders sein,
nicht Antwort nur auf mein Verlangen,
das suchte ich in früh'ren Tagen.

Je mehr ich Dich verstehen lerne,
muß ich mit Deinen Augen seh'n,
es ist der Wunsch, Dich zu ergreifen,
doch scheint's, als ob ich mich entferne.

Nichts will ich ohne Dich erleben,
in allem Leiden Dich nur seh'n,
in allem Schönen Deine Liebe,
selbst im Versagen Dein Vergeben.

Ich kann in Liedern es nicht zeigen,
doch kommt die Liebe ja von Dir,
Du kennst mich und wirst mich erhören,
ich werde seh'n und werde schweigen.

Als Lied abgedruckt in »Songs junger Christen 3«, Nr. 71

Ich mag Dich leiden

Als Paulus den Herrn bat, ER möge ihm den Stachel aus dem Fleisch nehmen, damit er ungehindert und frei sei, schlug ihm Christus die Bitte ab mit den Worten: »Meine Gnade reicht aus für Dich, denn meine Kraft ist in Schwachheit vollendet« (2. Kor. 12, 9). Nichts fällt mir schwerer als das Annehmen meiner Schwachheit, und nichts steht Gott wohl mehr im Weg als mein Versuch, jemand anders zu sein, als ich nach Seinem Plan bin.

Ich erfahre es, daß ER durch mich wirkt, wenn ich meine falschen Absichten aufgebe, Seine Rolle in meinem Leben mitzuspielen und unabhängig von IHM für IHN zu leben. Mein Problem ist nicht meine Schwachheit, sondern das, was ich damit mache.

Anfangs erwartete ich vom Glauben etwas ›Großes‹, das von meiner Wirklichkeit ablenken und mich in meinem Egoismus als den ›Besten‹ bestätigen sollte; so war auch meine Vorstellung von Dir die völlig unrealistische Projektion meiner Bedürfnisse und Wünsche, durch die ich von meinen Grenzen und von mir überhaupt loszukommen hoffte. Ich versuchte mich loszuwerden und suchte Dich – und was ich in Dir fand, war ich selbst, ganz anders und neu. Hatte ich auf eine Frau gehofft, die durch ihre ›halbgöttliche Vollkommenheit‹ mich ein wenig hochheben sollte, so hast Du *Dein* Ziel gerade durch Deine ›Menschlichkeit‹ erreicht und holtest mich auf den Boden zurück. War vorher schon das *Kreuz* Jesu für mich Symbol der Selbstverleugnung, Überwindung, Männlichkeit und Stärke, so hast Du ihm die *Krippe* gegenübergestellt. ›Das Wort ward Fleisch‹ ist die Botschaft, die mir Deine

Liebe, Deine Schwachheit und die Schönheit Deines Körpers weitergibt. Ich komme allmählich los von dem Zustand zwischen Himmel und Erde. Ich will meine beiden Füße ganz auf die Erde setzen und dafür in meiner Liebe zu Gott um so konsequenter sein.

Durch Deine Liebe zu Gott und zu mir zeigst Du mir, wieviel Himmel es auf Erden geben kann, wenn ich nur bereit bin, mich zuerst in die Krippe zu legen und nicht bei einer falsch verstandenen Auferstehung als Selbstdarstellung anzufangen. Weil Du in meiner Schwachheit keinen Nachteil siehst, sondern die Möglichkeit für Dich, mich zu ergänzen, weil ich feststelle, daß Du gerade da, wo ich bereit bin zu empfangen, am glücklichsten bist, habe ich den Mut, mich anzunehmen; ich habe ja erreicht, worum ich mich gemüht habe. Ich bin ›Ich‹ – und das scheint der Liebe genug zu sein.

Das Geheimnis der Liebe Gottes und der Deinen ist, daß sie mich am meisten da aktiviert, wo ich von der Notwendigkeit meiner Leistung befreit bin. Keine Pflicht und kein Vorsatz motiviert mich so sehr wie die Tatsache, daß ich geliebt bin. Der stärkste Imperativ ist der Indikativ der Liebe! Ist mir das bewußt, dann kann ich mich wie Paulus selbst meiner Schwachheit rühmen. Ich bin nie so stark wie in den Situationen, in denen ich in meiner Schwachheit Gottes Kraft durch mich wirken lasse und mich Deiner schenkenden und nehmenden Liebe öffne.

Im Gegensatz zu Paulus ist mein ›Stachel‹ der Schmerz über mein Versagen in *der* Schwachheit, die ich nicht in der Liebe aufheben lasse. Ich hatte auf die Frau gehofft, die an meinen Eigenarten und meinem Versagen nicht so arg leidet, die gerade bei meinen Fehlern nicht so empfindlich ist. Nun bin ich davon überzeugt, in Dir durchaus die richtige Frau geheiratet zu haben. Du verstehst mich wie kein anderer zu nehmen, aber ich kann Dich auch verletzen wie kein anderer, weil ich Dir viel mehr bedeute als jeder andere. Du liebst mich, und Du bist verwundbar – und das wirkt beides! Den Menschen, der wegen seiner Liebe zu mir gegen mein Versagen am empfindlichsten sein muß, läßt Gott mir am nächsten sein. Der Stachel meines Versagens brennt bei jedem Schritt meiner Inkonsequenz und Lieblosigkeit in Deinem Fleisch. Damit ist mir die Lust am Unsinn, am Versagen, an meinem Heucheln und meiner Unabhängigkeit verleidet. Immer wenn ich es bei aller Einsicht doch nicht lassen kann, spüre ich Deinen Schmerz und zucke selbst zusammen. Ich weiß, Du vergibst mir gern, Du leidest lieber täglich bei mir, als daß Du ohne diesen Schmerz von mir getrennt wärest; aber gerade das macht meinen Schmerz noch schlimmer, macht mich im guten Sinne demütig, macht mir bewußt, daß Gottes und Deine Liebe nur Geschenk sind – leidet Gott denn weniger an meinen Fehlern?

Versteh mich richtig, ich bin gerne aus meiner selbstzufriedenen Isolation zu Dir gekommen, ich bin dankbar, daß Gott mich nicht bedenkenlos ins Versagen rennen läßt. Es tut mir nur weh, daß Du an mir leiden mußt. Aber ich bin zuversichtlich durch Deinen Zuspruch, daß Du mich *›leiden magst‹* – und es liegt ja an mir, auf Gott zu hören und Dich zu lieben!

Himmel auf Erden

Es ist ein Geheimnis unserer Liebe, daß sich in unserem Zusammenleben nicht nur alles verdoppelt, sondern sogar vervielfacht. Das gilt sowohl für die Folgen unseres Versagens als auch für unser Glück, unseren Glauben an Gott und unsere Effektivität für andere. So ist vieles, was ich mit der Ehe zu verlieren fürchtete, nicht nur geblieben, sondern hat sich potenziert. Dazu gehört vor allem die Freudigkeit, mich für Gott einzusetzen, und die Bereitschaft, nicht den Himmel auf Erden zu erwarten, sondern in der Zukunft zu lassen und mich in der Gegenwart lieber auf die mir von IHM gestellten Aufgaben zu konzentrieren.

Um auf die Zukunft Gottes richtig warten zu können, in der es keine Tränen, keinen Tod, kein Leid und keinen Schmerz mehr geben wird, schienen mir als ›Junggeselle‹ Enthaltsamkeit und Verzicht in möglichst vielen Bedürfnissen die angemessensten Verhaltensweisen zu sein, weil sie nicht vom Eigentlichen ablenken.

Mit unserer Liebe hat sich aber meine Liebe zu Gott und meine Freude auf die Gemeinschaft mit ihm nicht verringert, sondern wesentlich vergrößert, weil durch Dich der Himmel gerade erstrebenswert wird. In unserer Befriedigung geschieht etwas Gegenläufiges. Einerseits wird durch unsere gegenseitige Zuwendung und unser Beschenken ein Bedürfnis gestillt, und wir sind oft in diesem Erleben unendlich glücklich, andererseits bleibt gerade in der Befriedigung eine positive Spannung, eine Ahnung von noch größerem Glück, das Wissen um mögliche letzte Identität, der Vorgeschmack vollkommener Liebe. Das

Erleben des Letzten und Schönsten läßt den Himmel viel eher ahnen und begreifen als der Verzicht auf alles menschlich Genießbare; wie ja auch das ›Neue Jerusalem‹ als Steigerung des Wertvollsten und Schönsten überhaupt in Gold, Edelsteinen und Perlen dargestellt wird. Der Himmel wird ganz anders sein als alles Erfahren auf Erden, aber er wird gerade noch schöner, größer und herrlicher sein als es die größten sich selbst transzendierenden Erfahrungen in dieser Welt ahnen lassen.

Es sind oft nur Augenblicke, in denen wir dieses tiefe Erleben haben, aber sie scheinen auszureichen, um uns die Erinnerung an die Zukunft Gottes im Bewußtsein zu halten. Oft genügt das Bewußtmachen des Erlebten, um in der Gleichgültigkeit und Mittelmäßigkeit des Alltags neu motiviert zu sein. Die Gebete dieser Stunden begleiten mich tagelang als Maßstab für mein Verhalten, die Worte aus der Bibel, die wir im Gespräch neu verstehen konnten, ermuntern mich in den Problemen und Strapazen meiner Aufgaben.

Selbst dann, wenn ich in falscher Weise den Himmel auf Erden suche als endgültige Befriedigung durch Dich, in meiner Flucht vor der Wirklichkeit, meinen Aufgaben und meiner Verantwortung – oder vor meinem ›Menschsein‹ in Schwachheit und Grenzen überhaupt –, selbst dann werde ich durch unsere Erfahrung noch gemahnt. Das erfahrene Glück bestätigt die Richtigkeit unseres Bedürfnisses nach letzter Erfüllung in Gott. Die Mittelmäßigkeit des Alltags, unsere Grenzen und unser Versagen erinnern uns daran, daß wir noch auf der Erde sind, weil wir hier unsere Aufgaben haben.

Je weniger ich den Himmel auf Erden suche, sondern bereit bin, auf ihn zu warten und hier auf der Erde für IHN effektiv zu sein, desto intensiver erlebe ich eine Vorahnung vom Himmel in unserer Gemeinschaft. Du bist ›unvollkommen‹ genug, um mich nicht vom Himmel abzulenken, aber Du bist vollkommen genug, um mich immer wieder an ihn zu erinnern!

Tod

Gebet:

Herr, ich begreife noch gar nicht richtig, was geschehen ist. Sie ist nicht mehr da, und ich komme mir vor, als wäre ich selbst gestorben. Ich sehe mich selbst so distanziert, alles, was geschieht, beobachte ich aus Entfernung wie einen ablaufenden Film. Was ich je mit ›dem Leben‹ verband, konzentriert sich in dem Gedanken an sie, in dem Bild von ihr, das ich ständig vor mir sehe.

Sobald ich mich gehen lasse, überfällt mich das Gefühl der Verzweiflung und Sinnlosigkeit. Es kommen mir nicht nur einzelne Fragen – warum? wozu? – nein, es steht alles absolut in Frage. Aber ich will mich nicht treiben lassen, Herr, ich muß zurechtkommen mit mir, mit ihr und eben mit Dir.

Ich war es doch selbst, der es mit ihr ständig betonte: »Wir gehören uns nicht, wir sind uns nur geliehen; unser Geheimnis ist, daß wir uns im Beschenken und Beglücken an Ihn selbst verweisen!« Jetzt erschrecke ich über die Tiefe meiner eigenen Worte. Mein Gott, ich weiß, daß sie wahr sind – aber ich stehe noch davor wie vor einer Mauer. Ich muß meinen verkrampften Griff lösen und will es tun, aber ich wehre mich noch – während ich schon mit Dir rede. Sie gehört mir nicht, wie sie mir ja auch nie gehört hat. Du hast das wieder zu Dir genommen, was immer Dein geblieben ist.

Ich muß aufpassen, daß mir mit ihr nicht alles verloren geht. Herr, ich will an Dir festhalten, ich will nicht billig nach einem Grund oder Zweck suchen – der Schmerz ist zu groß, als daß ich nach einer Begründung fragen dürfte, ich will ihn tragen. Du bist mir ja auch keine Antwort schuldig. Herr, Dir selbst und nicht einem ›Sinn‹ will ich mich anvertrauen, der Du mir durch sie so groß geworden bist. In der Gemeinschaft mit ihr, in den Gebeten und den Gesprächen, in allem, was wir in unserer Liebe an Zärtlichkeit und Hingabe genossen, erlebten wir letztlich Dich als den Schöpfer mit und wurden Dir dankbar. Wir haben Dich lieben gelernt, weil wir Deine Liebe verstehen lernten.

Es ist diese Liebe zu Dir, die mich jetzt tragen muß. Deine Liebe war es, die uns zusammenführte und uns aneinander verwöhnte. Deine Liebe wollte beschenken und weckte damit Vertrauen in uns. Herr, wenn Du liebst, dann kostet es mehr Überwindung, weh zu tun, als glücklich zu machen. Wenn Du wirklich liebst, dann muß Dein Nehmen ein noch größerer Ausdruck Deiner Liebe sein als Dein Geben. Herr, ich verstehe Dich nicht, aber ich habe es hier mit Deiner Liebe zu tun, daran muß ich festhalten.

Ich komme weiter, wenn ich nicht bei mir stehenbleibe, sondern konsequent an sie denke. Ich wollte sie immer auf Dich verweisen, Dich auch ihr groß werden lassen, wie sie es bei mir tat, ich wollte sie glücklich machen – und ich stelle mich heute zu diesem Wunsch. Du erinnerst Dich besser als ich an die gemeinsamen Gebete mit ihr, in denen wir Dich baten, miteinander nur *Dir* und Deiner Aufgabe leben zu dürfen, Dir gefallen zu können. Du hast unseren ständigen Wunsch gehört, Dich zu erkennen, wie Du wirklich bist, Dir näherzukommen, endgültig ganz bei Dir sein zu dürfen – durch Deine Wiederkunft oder durch unser Sterben. Herr, wenn wir je etwas ernst meinten, dann waren es diese Gebete. Wenn wir je unser Leben genossen und unsere Liebe voll ausgekostet haben, dann war es an diesen Abenden, an denen wir ganz ›eins‹ waren und gerade darin ganz mit Dir verbunden. Herr, ich kann nicht abstehen von diesen Bitten – und Du hast sie heute für sie erfüllt. Bei Dir ist sie, deren Bild mir von diesen Abenden her am deutlichsten bleibt. Du hast ihr jetzt das Glück geschenkt, das sie mit den Worten erbat, die mir noch in den Ohren klingen: »Herr, wir wollen *Dich!*« Ich kann nicht mehr anders, ich muß sie jetzt loslassen. Ich sehe sie ihre Hand aus der meinen nehmen und zu Dir gehen – nimm sie, Herr, *Dir* lasse ich sie!

Wenn es etwas gab, was mich auf dieser Welt hielt, dann war sie es, wie sie tröstete, aufmunterte und mich an Dich erinnerte, wie sie schwach wurde und anfing, an ihrem Glauben und ihrer Kraft zu verzweifeln, Angst bekam, sie könnte in die Mittelmäßigkeit ihres Glaubens zurückfallen. Danke, Du hast sie gehalten, jetzt ist all ihr Sorgen, ihr Leiden am eigenen und meinem Versagen vorbei und ihr Sehnen nach vollkommener Liebe erfüllt. Herr, danke für sie, sie war Dein größtes Geschenk, das Du mir während meines Lebens gemacht hast.

Für mich ist unser gemeinsames Sehnen noch nicht erfüllt, ich bleibe noch, um weiter für Dich hier zu leben. Aber ich bin nicht allein, nicht so wie damals, bevor ich sie kennenlernte. Gewiß, auch damals wollte ich bald zu Dir; mich trieb aber mehr die Mittelmäßigkeit meines Glaubens, ich wollte eher ›weg von hier‹ als *zu Dir hin;* es war weniger Deine Liebe und Vollkommenheit, die mich zogen.

Ich kann gut noch bleiben, denn das, was ich jetzt ahne, gibt mir Kraft und befähigt mich zu meinen Aufgaben. Herr, Du bist wirklich selbst mein Leben geworden (Phil. 1, 21–23). Nachdem jetzt auch sie nicht mehr da ist, suche ich hier nichts mehr für mich außerhalb meines Herzens, meines Bewußtseins von Dir und ihr. Ich habe gefunden und kann andere finden lassen. So wie mich ihre vorübergehende Abwesenheit für meine Aufgaben und meinen Glauben auch befähigt haben – nicht nur ihre Anwesenheit – so will ich dasselbe jetzt für den Rest meines Lebens lernen, denn Du bist ja da, und sie lebt auch bei Dir. Ich werde Euch sehen – ganz anders, aber viel größer wird alles sein, auch wenn ich es mir gar nicht mehr vorstellen kann. Sie wird nicht mehr meine Partnerin sein, weil wir alle mit Dir so intensiv verbunden sein werden, wie wir zwei es waren.

Herr, ich will nichts mehr für mich, was mich nicht direkt oder indirekt für Dich befähigt; mir ist jeder Wunsch nach Unabhängigkeit von Dir verleidet. Deine Liebe hat mich Leiden gelehrt, denn nie empfand ich einen so großen Schmerz wie zur Zeit; aber nie war ich erfüllter, identischer und näher bei Dir als gerade darin. Erhalte mir diesen Schmerz und behafte mich bei meinem Willen zur Konsequenz!

Danke für sie, danke vor allem für Dich und Deine Liebe! Ich will Dir gefallen, will Dich verstehen! Sie war ›*Dein* Wort‹ an mich, Ausdruck *Deiner* Liebe – und sie verwies an *Dich*. Herr, ich will ihr *nicht nachschauen*, sondern *Euch entgegensehen!*

It's good to know
that my love's far away,
so I don't seek her anywhere
but in my heart.
YOU called her
and she did depart,
still strengthening me –
while I must stay.

Ein Gebet

Was Du gabst, sprach doch von Dir,
als ein Ausdruck, nur ein Wort;
was mich stets an Dich verwies,
nahmst Du schweigend wieder fort.

Wenn ich Dir vertrauen will,
warum hab' ich mich gewehrt,
kann ich denn vergessen, daß
Deine Liebe Leiden lehrt?

Warum zweifle ich an Dir,
war, was ich verlor, nicht Dein?
Mehr noch als Dein Geben muß,
auch Dein Nehmen Liebe sein.

Wenn es Deine Größe war,
die ich im Geschenk geseh'n,
habe ich nur einen Wunsch,
Dir gefallen, Dich versteh'n.

Als Lied abgedruckt in »Songs junger Christen 3«, Nr. 74